유비쿼터스
명퇴행복학

이정완 지음

Ubiquitous

유비쿼터스

명퇴행복학

Retirement Planning

명예퇴직은 그 자체로 특별한 여정이지만, 그 안에는 새로운 가능성과 성장의 씨앗이 자리하고 있습니다. 이 여정에서 우리는 새로운 모습을 찾아가고, 과거의 무거운 짐을 내려놓을 수 있습니다.
_프롤로그 중에서

좋은땅

‖목차‖

프롤로그   8

제1부. 명예퇴직 행복학 담론

제1장 명예퇴직의 다양한 이유와 상황   12
제1절. 갑작스러운 명예퇴직을 요구받게 된 경우
제2절. 피치 못할 사정으로 명예퇴직을 하는 경우
제3절. 조기에 명예퇴직을 계획한 경우
제4절. 절차에 따라 명예퇴직을 하는 경우
제5절. 더 나은 미래를 위해 명예퇴직을 선택한 경우

제2장 명예퇴직 준비 절차와 계획   22
제1절. 재정적 준비
제2절. 심리적 준비
제3절. 신체적 준비
제4절. 가족과의 소통 강화 전략
제5절. 보다 높은 삶의 질을 위한 명예퇴직 준비

제3장 명예퇴직 후의 안정 및 건강 회복 전략   34
제1절. 명예퇴직 후의 감정 관리
제2절. 취미와 관심사의 발견
제3절. 명예퇴직 이후의 소통과 교류
제4절. 명예퇴직 후의 스트레스 관리 방법
제5절. 건강 유지를 위한 신체적 활동과 습관

제4장 자아실현을 위한 다양한 옵션 탐색　　　　　　　46

　　제1절. 명예퇴직 후 새로운 꿈과 목표

　　제2절. 명예퇴직 후의 계속된 자기 계발

　　제3절. 명예퇴직을 통한 새로운 의미 찾기

　　제4절. 명예퇴직 후의 관심 취미와 창작적 활동

　　제5절. 명예퇴직 후의 사회적 네트워킹 방법

제5장 재정 관리와 명예퇴직 후의 금융 전략　　　　　　59

　　제1절. 명예퇴직 후의 효율적인 투자 전략과 재테크

　　제2절. 명예퇴직 후의 금융적 안정을 위한 전략

　　제3절. 금전적 스트레스를 완화하기 위한 전략

　　제4절. 명예퇴직 후의 재정 계획

　　제5절. 명예퇴직 후의 생활비 관리 방법

제6장 명예퇴직 행복학의 실천 전략　　　　　　　　　74

　　제1절. 명예퇴직 후의 건강 유지

　　제2절. 명예퇴직 후의 내면 평화

　　제3절. 행복한 삶을 위한 긍정적 마인드셋

　　제4절. 명예퇴직 이후의 생활 방식 조절

　　제5절. 성공적인 명예퇴직을 위한 지속적인 노력

제2부. 명예퇴직 행복학 실천가들의 이야기(에세이)

제1장 명예퇴직을 통해 찾는 진정한 가치　　　　　　　92

제2장 새로운 목표: 명예퇴직 후의 비전 구체화　　　　　94

제3장 마음의 정화: 명예퇴직을 통한 감정적인 정리   96

제4장 더 나은 삶을 위한 물질적인 간소화   98

제5장 새로운 발견: 명예퇴직을 통한 자아 탐험   100

제6장 취미와 열정: 명예퇴직 후의 자기 발견   102

제7장 명예퇴직을 통한 가족 유대의 강화   104

제8장 사회 참여를 통한 명예퇴직의 새로운 가치   106

제9장 지연된 꿈의 추구: 명예퇴직 후의 새로운 도전   108

제10장 명예퇴직을 통한 학습의 재발견   110

제11장 명예퇴직 후에도 계속되는 자기 계발   112

제12장 명예퇴직을 통한 정신적 휴식   114

제13장 명예퇴직으로 찾는 시간의 가치   116

제14장 명예퇴직을 통한 건강한 삶의 시작   118

제15장 명예퇴직을 통한 사회적 기여의 의미   120

제16장 행복한 명예퇴직의 결실: 새로운 시작   122

제17장 명예퇴직을 통한 변화와 성장   124

제18장 새로운 꿈을 위해, 조기 명예퇴직의 선택   126

제19장 새로운 문이 열린다: 조기 명예퇴직의 풍경   128

제20장 명예퇴직으로 자아실현의 문을 열다   130

제21장 명예퇴직 신청의 마음가짐   132

제22장 명예퇴직을 위한 새로운 계획 세우기   134

제23장 명예퇴직을 위한 내면의 정비   136

제24장 명예퇴직을 위한 개인적인 준비   138

제25장 명예퇴직으로 더 나은 내일을 꿈꾸다   140

제26장 명예퇴직을 통한 인생의 새로운 의미   142

제27장 마음을 가볍게: 명예퇴직의 의미적인 여정   144

제28장 명예퇴직을 통한 내적 안정과 행복   146

제29장 감사의 마음, 명예퇴직 후 삶의 평안한 시작   148

제30장 새로운 만남: 인간관계의 새로운 시작   150

제31장 명예퇴직 후의 사회 참여   152

제32장 사회 참여와 커뮤니티의 소중함   154

제33장 명예퇴직을 위한 풍요로운 활동 추구   156

제34장 명예퇴직 후의 일상 속 작은 변화   158

제35장 명예퇴직 후의 일상적인 행복의 비밀   160

제36장 명예퇴직을 통한 더 나은 자아실현   162

제37장 명예퇴직을 통한 지속적인 성장   164

제38장 더 나은 인생을 위한 명예퇴직의 선택   166

제39장 명예퇴직 후의 정서적 안정   168

제40장 명예퇴직을 통한 풍요로운 미래 설계   170

제41장 명예퇴직으로 만나는 새로운 친구와 세계   172

제42장 명예퇴직 후의 건강한 생활 습관   174

제43장 건강한 명예퇴직의 첫걸음   176

제44장 명예퇴직을 통한 자아의 새로운 발견   178

제45장 명예퇴직을 통한 새로운 배움과 성장   180

제46장 명예퇴직을 통한 자기 계발의 시작   182

제47장 명예퇴직 후 50년 더욱더 행복하게 살아가기   184

에필로그   186

프롤로그

인생의 여정에는 갑작스러운 변화와 큰 전환점이 존재합니다. 그중 하나인 명예퇴직은 마침내 지금까지의 일상에서 벗어나고, 앞으로의 여정에 새로운 도전을 맞이하게 하는 소중한 순간입니다. 명예퇴직은 때로는 예기치 못한 상황에서 찾아올 수도 있습니다. 그럴 때마다 두려움과 불안이 함께 찾아올지도 모릅니다. 그러나 명예퇴직은 우리에게 새로운 가능성을 안겨 주는 문이기도 합니다. 때로는 인생에서 쉽게 만나지 못하는 순간들이 명예퇴직이라는 결정과 함께 찾아옵니다. 그 순간들은 삶의 의미를 새롭게 깨닫게 하고, 그 감동은 더욱 강력한 희망의 불씨로 다가올 여정을 밝히게 합니다. 이 책은 명예퇴직이란 미지의 세계에 발을 들이는 여정에서, 여러분의 마음을 따뜻하게 감싸 줄 수 있는 동반자가 되고자 합니다.

《유비쿼터스 명퇴행복학》은 명예퇴직을 고려하고 계신 분들에게, 그 결정을 보다 따뜻하게 수용하고 새로운 시작을 환영하는 데에 중점을 두고자 합니다. 또한, 이 책은 명예퇴직을 고려하고 계획 중인 분들을 위한 구체적이고 실질적인 안내서로, 명예퇴직을 통해 더 나은 인생의 챕터를 열기 위한 단계별 가이드를 제공합니다. 이 책은 더 건강하고 행복한 명예퇴직을 위한 체계적인 전략과 지혜로운 선택을 돕기 위해 기획되었습니다. 이 책을 통해 여러분은 명예퇴직이라는 문을 열어 그 안에서 어떤 아름다운 풍경이 펼쳐질지에 대한 기대를 키울 수 있을 것입니다.

《유비쿼터스 명퇴행복학》은 제1부에서는 명예퇴직 행복학 담론으로, 명예퇴직의 다양한 이유와 상황, 명예퇴직 준비 절차와 철저한 계획, 명예퇴직 후의 평안과 안정 및 건강 회복 전략, 자아실현을 위한 다양한 옵션 탐색, 재정 관리와 명예퇴직 후의 금융 전략, 그리고 명예퇴직 행복학의 실천 전략 등을 설명하고 있으며, 제2부에서는 명예퇴직 행복학 실천가들의 삶의 행복 이야기 47편을 에피소드를 포함한 에세이로 소개하고 있습니다. 여러분은 이 책을 통해 명예퇴직의 다양한 양상을 살펴보고, 그 안에서 자신만의 의미와 가치를 발견하게 될 것입니다. 마치 어두운 밤하늘에 수많은 별이 흩어져 있는 것처럼, 명예퇴직의 여정에는 각자의 빛나는 순간들이 기다리고 있음을 깨닫게 될 것입니다.

명예퇴직은 그 자체로 특별한 여정이지만, 그 안에는 새로운 가능성과 성장의 씨앗이 자리하고 있습니다. 이 여정에서 우리는 새로운 모습을 찾아가고, 과거의 무거운 짐을 내려놓을 수 있습니다. 여정의 시작은 어려움이 있을 수 있겠지만, 이 책은 여러분에게 작은 위로와 큰 용기를 전하고자 합니다. 명예퇴직이라는 새로운 문을 열 때, 여러분은 나만의 별을 찾아가는 여정에 참여하게 됩니다. 이 여정에서 각자가 발견하는 별은 곧 여러분의 특별한 빛과 의미를 담아낼 것입니다. 함께 여행하는 동안, 우리는 명예퇴직이라는 새로운 세계에서 빛나는 순간들을 발견할 것입니다. 그리고 그 빛나는 순간들이 우리의 삶을 풍요롭게 만들어 줄 것입니다. 여러분과 함께하는 이 명예퇴직의 행복학 담론을 통해, 여정의 시작을 환영하며, 여러분의 별이 더욱 빛나게 되길 진심으로 기대합니다.

제1부

명예퇴직 행복학 담론

명예퇴직의 다양한 이유와 상황

제1절. 갑작스러운 명예퇴직을 요구받게 된 경우

　한 통의 전화로 모든 것이 뒤바뀌었다. 평화로운 출근길에 받은 그 갑작스러운 전화는 내게 이직의 그림자를 드리우는 발신자의 목소리를 가지고 있었다. "명예퇴직을 고려해 봐야 할 시점이야." 불안과 함께 내게 다가온 이 말 한마디는 마치 뜻하지 않은 여행으로 나의 인생 지도를 갈아엎을 듯한 충격을 안겨 주었다.

　갑작스러운 명예퇴직을 경험하는 순간, 혼란이 나를 감싸고 주변의 풍경이 음악과 함께 변화하듯 느껴졌다. 머릿속에는 수많은 질문이 파도처럼 밀려들었다. 왜 지금인가? 무엇 때문에? 이러한 의문점들은 처음에는 어지러움을 낳았다. 첫 번째 충격이 가시화된 순간, 나는 다시 일상으로 돌아가기 위한 애쓰임에 시간을 낭비하지 않기로 결심했다. 명예퇴직은 새로운 시작이자 기회일 수도 있겠다 생각했다. 그러나 현실은 단순한 로망으로 해결될 문제가 아니었다. 새로운 시작은 결코 쉽지 않았고, 계획과 준비 없이는 불안과 두려움에 휩싸이기 쉬웠다.

　첫 번째로 직면한 문제는 급격한 변화에 대처하는 능력의 결여였다. 예상치 못한 명예퇴직은 마치 내게 주어진 시간이 갑자기 줄어든 듯한 느낌을 주었다. 이를 극복하려면 계획과 목표를 세우는 것이 중요했다. 현재의 상황을 정확하게 파악하고, 어떤 목표를 가지고 나아갈지 결정하는 것은 새로운 시작에 있어서 필수적이었다.

두 번째로 고민한 것은 금전적인 측면이었다. 명예퇴직 이후의 금전적인 문제는 건강하게 이 새로운 챕터를 시작하기 위해 중요한 부분이었다. 금융 전문가의 조언을 듣고, 예산을 세우며 현실적인 자금 계획을 세우는 것은 불안을 줄이고 미래에 대한 확신을 갖는 데 도움이 되었다.

세 번째로 고민한 부분은 정신적인 안정이었다. 급격한 변화로 인한 스트레스와 불안은 당연한 현상이었다. 이를 극복하기 위해 정기적인 신체적 활동과 정신적인 휴식이 필요했다. 명예퇴직 이후에는 새로운 취미나 관심사를 찾아보며 정신적인 안정을 찾는 데 집중했다.

처음에는 어두운 터널을 향해 걷는 듯한 무기력감이었다. 그러나 시간이 흐르면서 명예퇴직은 나에게 새로운 기회와 경험의 문을 열어 주었다. 새로운 분야에서의 도전은 나를 더욱 풍요롭게 만들었고, 명예퇴직 이전에는 생각하지 못했던 취미와 관심사들이 나의 일상으로 자리 잡게 되었다.

갑작스러운 명예퇴직은 나에게 선물 같은 기회를 주었다. 혼란과 두려움 속에서도 나는 내면의 목소리를 듣고, 이를 토대로 내 삶을 새롭게 설계할 수 있었다. 명예퇴직을 통해 배운 것은 삶의 끝이 아닌 새로운 시작이라는 것이다. 이제 돌이켜 보면 그때 받은 충격은 나를 더 큰 성장으로 이끈 특별한 기회였고, 나는 그 기회를 감사하며 지금의 행복한 순간을 살아가고 있다.

제2절. 피치 못할 사정으로 명예퇴직을 하는 경우

비 오는 밤, 창밖에 떨어지는 빗방울 소리가 나의 내면과 어우러져 명예퇴직의 결정에 마음을 전하고 있었다. 이것은 피치 못할 사정으로 명예퇴직을 선택한 삶의 한 장면일 뿐이었다. 그간의 삶에서 마주한 갈림길에서 나는 왜 이 길을 택하게 되었는지를 되짚어 보고자 한다.

첫 번째로 마주한 고민은 무엇보다도 현실의 부딪침이었다. 피치 못할 사정으로 명예퇴직을 선택하는 것은 자신의 상황을 인정하고, 현실을 직시하는 것을 의미한다. 이는 곧 나 자신에 대한 솔직한 대화와 진단이 필요하다는 것을 의미한다. 이로 인해 인생의 주도권을 내 손에 쥐어야 한다는 무거운 책임감이 더해지는데, 그것이 불안과 두려움으로 이어지기도 했다. 그렇지만 이 결정이 동시에 나에게 새로운 시작의 문을 열어 줄 수 있다는 생각이 나를 감싸안았다. 피치 못할 사정이란, 때로는 우리가 피할 수 없는 상황들을 지칭한다. 이를 이해하고 수용하는 것이 마음의 평화를 가져다줄 수 있는 출발점이라는 사실을 깨달았다.

두 번째로 마주한 것은 미래에 대한 불확실성이었다. 명예퇴직은 현재의 안정된 상황에서 벗어나 미래의 불확실한 여정을 선택하는 것이기에, 미래에 대한 두려움이 항상 함께했다. 하지만 이를 극복하려면 새로운 목표와 계획을 세워야 했다. 피치 못할 사정으로 명예퇴직을 선택할 때, 나는 미래에 대한 기대를 새로운 가능성의 시작으로 여겼다. 불확실성이란 삶에서 피할 수 없는 부분이지만, 이를 통해 새로운 도전에 나서고 새로운 경험을 쌓을 수 있다는 것을 깨달았다. 명예퇴직은 곧 나만의 새로운 챕터를 열고자 하는 열망과 결심의 표현이었다.

세 번째로 마주한 고민은 주변의 시선과 사회적 평가에 대한 두려움이었다. 사회적 평가가 크게 작용하는 현대 사회에서 명예퇴직은 종종 주변의 이목과 평가를 받는다. 이는 나 자신에 대한 자존감을 흔들 수 있는 큰 문제였다. 하지만 나는 나 자신을 돌아보고, 내면의 가치와 신념을 찾아 이를 극복하기로 했다.

피치 못할 사정으로 명예퇴직을 결심한 후, 나는 새로운 삶을 향한 여정에 나서게 되었다. 처음에는 두려움과 불안이 나를 감싸안았다. 그러나 시간이 흐르면서 명예퇴직은 나에게 더 큰 자유와 성장의 기회를 제공해 주었다. 명예퇴직을 선택한 이후, 나는 새로운 삶의 재발견에 나서게 되었다. 그동안 미처 발견하지 못했던 취미와 관심사들이 나를 향한 새로운 가능성을 열어 주었다. 이는 나에게 명예퇴직이 주는 뜻깊은 선물 중 하나로 기억되고 있다.

종종 어려운 선택의 순간에 우리는 새로운 길을 선택함으로써 더 나은 삶을 살아갈 수 있다. 피치 못할 사정으로 명예퇴직을 선택한 것은 나의 삶에서의 큰 전환점 중 하나였다. 이 선택이 나에게 주는 의미는 단순히 안정된 직장을 떠나는 것 이상이었다. 나는 내면의 용기를 찾아 나아가며, 더 나은 삶을 위한 새로운 여정을 시작한 것이다. 이제 돌이켜 보면, 그 어려움과 두려움이 나를 더 큰 성장으로 이끈 특별한 기회였고, 나는 그 기회를 감사하며 지금의 행복한 순간을 살아가고 있다. 명예퇴직은 어쩌면 미지의 땅으로 향하는 새로운 모험의 시작이었고, 나는 이 여정을 통해 더 나은 나로 성장하고 있다.

제3절. 조기에 명예퇴직을 계획한 경우

나는 명예퇴직의 문을 열며, 새로운 삶의 장을 펼치기로 했다. 이 선택은 조기에 명예퇴직을 계획한 사람으로서의 이유와 고민을 함께 물들인 결정의 일환이었다. 이러한 결정의 배경에는 나만의 가치와 욕망을 재정의하는 과정, 미래에 대한 계획을 세우는 과정, 그리고 과거의 업적과 정체성에서 벗어나는 과정이 엮여 있었다.

첫 번째로 마주한 고민은 나의 가치와 욕망을 재정의하는 것이었다. 직업에서 오는 업적과 정체성이 일상을 지배하던 동안, 명예퇴직을 고려하면서 나는 나 자신에 대한 새로운 정의를 찾아 나서야 했다. 이는 일상에서 '나는 누구인가?'라는 깊은 질문을 던지게 되었고, 내면의 욕망과 가치에 대한 명확한 이해를 도출하기 위한 여정이 시작되었다. 평소에는 소홀했던 가족과의 소중한 시간, 나 자신을 위한 여유로운 순간들이 더욱 중요해졌다. 명예퇴직을 계획하는 사람으로서, 이는 자신의 가치와 욕망을 재조명하고, 일상의 소중함에 더욱 눈을 뜨게 되는 계기가 되었다. 새로운 시작을 앞두고 나는 가족과의 연결과 자신을 위한 소소한 즐거움들을 찾아가기로 마음먹었다.

두 번째로 마주한 것은 미래에 대한 계획을 세우는 것이었다. 명예퇴직을 계획하는 경우, 금융적인 안정뿐만 아니라 향후 몇 년 동안의 목표와 계획을 세우는 것은 불가피한 과제였다. 이로 인해 미래에 대한 두려움과 기대가 교차하는 감정이 속속 다가왔다. 그러나 이는 나에게 새로운 도전의 기회를 제공한다는 관점에서 이해되어야 했다. 명예퇴직을 계획하는 것은 어떤 면에서는 내 삶의 주도권을 다시 잡는 것이었다. 이를 통해 나는 자신만의 비전을 가지고 더 나은 미래를 위해 노력하고자 했다. 새로운 목표와 계획을 세우는 과정은 나에게 새로운 동기 부여와 활력을 가져다 주었다.

세 번째로 마주한 고민은 과거의 업적과 정체성에서 벗어나는 것이었다. 명예퇴직을 계획하면서 나는 나만의 성공과 정체성에 대한 과거의 묶음에서 해방되고자 했다. 이는 곧 새로운 분야에서의 도전과 학습의 의지를 의미했다. 과거의 업적에 너무 묶여 있다면, 새로운 시작이 어렵게 느껴질 수 있다. 하지만 나는 명예퇴직을 통해 과거의 영광보다는 미래의 가능성에 초점을 맞추고자 했다. 나는 새로운 분야에서의 도전을 통해 끊임없이 성장하고자 하며, 이를 통해 나만의 정체성을 찾아가기로 했다.

조기에 명예퇴직을 계획한 이후, 나는 내 삶의 방향과 목표를 재정의하는 여정에 나섰다. 가족과의 소중한 순간을 더 크게 가치 있게 여기고, 미래에 대한 계획을 세우며 나만의 비전을 찾아가는 도전에 나서고 있다. 무엇보다도, 나는 새로운 시작이 나에게 더 나은 삶을 제공할 것이라는 믿음으로 내일을 향해 나아가고 있다. 명예퇴직은 어쩌면 삶의 새로운 장을 펼치기 위한 출발점일지도 모르겠다.

제4절. 절차에 따라 명예퇴직을 하는 경우

명예퇴직은 조직에서 일을 그만두는 결정으로, 이는 다양한 이유와 상황에서 나타난다. 이 글에서는 명예퇴직의 논리적인 흐름과 사실적인 측면을 중심으로 다루어 볼 것이다.

첫 번째로, 명예퇴직의 이유는 다양하다. 이는 주로 직장에서의 성과나 경력의 완성, 건강 문제, 가족 상황 등 다양한 인적, 사회적인 이슈와 연관이 있다. 명예퇴직은 개인의 목표와 가치관 변화, 또는 더 나은 삶을 위한 선택의 결과로 나타난다. 이 결정에는 명확한 동기와 계획이 필요하며, 이를 통해 조직과의 상의가 선행되어야 한다.

명예퇴직의 경험은 감정적으로 복잡한 과정을 거친다. 퇴직 발표는 긴장과 설렘뿐만 아니라, 조직과의 작별의 순간이자 새로운 시작을 의미한다. 이는 퇴직자와 동료들에게 감사와 축하의 인사말이 오가며, 감동적인 고별의 순간이 될 것이다. 이때, 명예퇴직자는 과거의 경험을 회고하고, 동료들과 함께한 소중한 순간을 공유한다.

명예퇴직의 절차는 신중하게 계획되어야 한다. 퇴직 계획서 작성과 조직과의 상의는 물론, 퇴직 후의 생활 방식과 목표를 명확하게 수립하는 것이 중요하다. 이는 갑작스런 변화에 대비하여 새로운 삶을 위한 준비를 함께 의미한다. 특히, 새로운 도전에 대한 계획이 미리 수립돼야 하며, 이는 명예퇴직자의 안정적인 삶을 지원한다.

또한, 명예퇴직은 자기 계발의 기회이기도 하다. 퇴직 후에는 새로운 활동, 공부, 봉사활동 등을 통해 자신의 역량을 계속 발전시킬 수 있다. 이는 노후의 질을 높이고, 사회에 기여하는 측면에서도 의미가 있다. 명예퇴직자는 이 기회를 통해 자신의 삶에 대한 더 깊은 이해와 새로운 목표를 발견할 수 있다.

명예퇴직의 과정은 감정적인 측면과 더불어 사실적인 계획과 결정의 연속이다. 그 과정에서 명예퇴직자는 자신의 직업적인 업적을 정리하고, 미래를 위한 새로운 계획을 수립한다. 이는 개인의 목표를 달성하기 위한 전략적인 결정으로, 퇴직자의 삶에 대한 새로운 방향성을 제시한다.

마지막으로, 명예퇴직은 단순히 일을 그만두는 것뿐만 아니라, 그동안의 경험을 정리하고 새로운 시작을 의미한다. 이는 자아의 성장과 변화에 대한 결정으로, 이를 통해 명예퇴직자는 자신의 가치관과 목표를 재고하며, 보다 나은 미래를 위한 준비를 한다.

명예퇴직은 결국 개인과 조직 간의 변화와 조정의 결과이다. 그 과정에서 발생하는 다양한 감정과 사실적인 계획은 명예퇴직자에게 새로운 가능성을 여는 것과 동시에, 조직과 개인 간의 작별의 순간을 의미 있게 만든다. 이는 논리적이고 사실적인 접근을 통해 명예퇴직의 의의와 과정을 정확히 전달할 수 있는 방법이다.

제5절. 더 나은 미래를 위해 명예퇴직을 선택한 경우

명예퇴직은 더 나은 미래를 향한 결정으로 이해될 때, 이는 심사숙고와 객관적인 계획의 결과로 나타난다. 미래의 불확실성과 함께 현재의 직장에서의 한계를 인지한 명예퇴직자들은 새로운 도전과 성장을 위해 자신의 커리어를 재정비한다.

첫째, 명예퇴직자들은 과거의 성과를 인정하면서도 현재의 직장에서 더 이상의 발전이 어려움을 느낀다. 이는 마치 새로운 길을 찾기 위해 기존의 길을 떠나는 것과 같다. 미래에 대한 열망이 강해진 상태에서, 명예퇴직은 자신의 경험과 역량을 새로운 도전에 활용하고자 하는 의지를 나타낸다. 이는 결코 경험을 소모하는 것이 아닌, 새로운 분야에서의 가치를 창출하고자 하는 의지를 반영한다.

두 번째로, 명예퇴직자들은 자유로운 시간을 활용하여 자기 계발에 힘쓰고 싶어 한다. 새로운 도전에 대한 용기와 열정을 갖고 있는 명예퇴직자들은, 현재의 제약된 업무와 관계에서 벗어나 새로운 역량을 개발하고자 한다. 명예퇴직을 통해 자유롭고 다양한 활동을 통해 삶의 질을 향상시키고, 자신의 역량을 더욱 향상시키려는 의지가 담겨 있다.

더불어, 명예퇴직은 자신의 라이프 스타일을 재정비하고, 미래의 가치를 찾아가는 과정이기도 하다. 이는 단순히 경제적인 안정뿐만 아니라, 미래의 목표와 가치관을 재조정하여 의미 있는 삶을 살고자 하는 의지를 나타낸다. 명예퇴직자들은 미래에 대한 비전을 다시 그리고, 그 비전을 실현하기 위한 새로운 계획을 수립한다. 이는 더 나은 미래를 위한 명확한 전략적인 결정이다.

또한, 명예퇴직의 결정에서는 가족과의 소통과 협의가 중요한 고려 요소로 작용한다. 명예퇴직자들은 미래의 불확실성에 대한 두려움을 가족과 공유하고, 그들의 지지를 얻는다. 이는 가족이 명예퇴직자에게 안정적인 밑거름을 제공하고, 새로운 도전에 대한 자신감을 키우는 데 도움이 되는 요소이다.

마지막으로, 명예퇴직자들은 사회적 책임과 봉사활동을 통해 미래를 위한 기여를 찾고자 한다. 이는 명예퇴식을 통해 개인적인 성장뿐만 아니라, 사회적으로도 기여하고자 하는 책임감과 의지를 나타낸다. 명예퇴직자들은 자신의 경험과 능력을 활용하여 사회적 문제에 기여하고, 그들의 존재 자체가 사회에 긍정적인 영향을 미칠 수 있음을 알고 있다.

종합적으로, 더 나은 미래를 위해 명예퇴직을 선택하는 경우, 이는 명확한 목표와 계획에 기반한 논리적인 결정이다. 현재의 한계를 인지하고 미래에 대한 열망을 갖춘 명예퇴직자들은 새로운 도전을 통해 자신의 가치를 실현하고자 하는 의지가 담겨 있다. 명예퇴직은 단순히 과거의 퇴직이 아니라, 새로운 가능성을 찾기 위한 개척적인 여정으로 이해되며, 그것은 계획과 객관적인 판단의 결과로써 미래를 향한 희망과 기대를 안고 있다.

제2장

명예퇴직 준비 절차와 계획

제1절. 재정적 준비

명예퇴직은 새로운 삶의 시작으로, 그 시작을 안정적으로 즐기기 위해서는 명확하게 계획된 금융 전략이 필수적입니다. 특히 명예퇴직 후의 금융 계획은 생활의 질을 유지하고 미래에 대비하기 위한 핵심적인 단계로 여겨져야 합니다.

첫 번째로 고려해야 할 부분은 명확하게 정의된 재정적 목표를 세우는 것입니다. 명예퇴직 후의 생활은 수입이 감소하게 되기 때문에 생활비, 의료비, 여가활동 등의 지출을 면밀히 검토하고 예상되는 비용을 고려하여 목표 금액을 설정해야 합니다. 주택 대출, 자동차 유지비와 같은 고정 비용과 예상치 못한 비상 상황을 고려하여 금융 목표를 세우는 것이 중요합니다.

두 번째로는 명예퇴직 계획에 따른 예상 수입을 정확하게 계산하는 것입니다. 연금, 퇴직금, 투자 수입 등을 종합적으로 고려하여 실질적인 수입을 예측해야 합니다. 정부 지원금, 세금 혜택 등도 함께 고려하여 실제 수입을 정확하게 파악하는 것이 중요합니다. 명예퇴직 후의 생활 수입을 명확히 알게 되면 예산을 세우고 금융 목표를 달성하는 데 도움이 됩니다.

세 번째로는 금융 전문가와 상담을 통해 실질적인 명예퇴직 플랜을 수립하는 것이 필요합니다. 금융 전문가와 상담을 통해 현재의 금융 상태를 점검하고 목표에 도달하기 위한 효과적인 전략을 수립하는 것은 명예퇴직 생활을 안정적으로 즐기기 위해 필수적입니다. 예상치 못한 경제적 어려움에 대비하여 금융 전문가의 조언을 수용하는 것은 명예퇴직 후의 안정성을 높일 수 있는 핵심 요소입니다.

네 번째로는 금융 목표를 달성하기 위한 투자 전략을 수립하는 것입니다. 안정적이고 지속 가능한 투자 수익은 명예퇴직 생활을 보다 풍요롭게 만들 수 있는 핵심입니다. 투자에 앞서 자신의 투자 성향과 목표에 맞는 포트폴리오를 구성하는 것이 중요합니다. 안정성과 수익성을 동시에 고려하여 투자하는 것은 명예퇴직 후의 금융적인 안정성을 유지하는 데 도움이 됩니다.

다섯 번째로는 금융 비상 대비책을 마련하는 것입니다. 생활비, 의료비, 비상 상황에 대비한 금융 안전망을 만들어 두어야 합니다. 금융 비상 대비책은 급격한 금융 상황 변화에 대비하여 예비 자금을 마련하고 필요한 경우 금융 전문가의 조언을 받아 금융적인 위기에 대처할 수 있는 계획을 수립하는 것을 의미합니다.

이렇게 명예퇴직 후의 금융 계획은 철저한 준비와 신중한 계획이 필요한 중요한 단계입니다. 재정적인 부분을 체계적으로 고려하고 전문가의 도움을 받아 실질적인 목표와 전략을 세우면 명예퇴직 후의 안정적인 금융 생활을 더욱 향상시킬 수 있을 것입니다. 명예퇴직은 단순히 일의 종료가 아닌, 새로운 삶을 시작하는 여정의 출발점이며, 이를 안정적으로 나아가기 위해서는 금융적인 안정성이 큰 역할을 하는 것이 현명한 명예퇴직 준비의 첫걸음이라 할 수 있습니다.

제2절. 심리적 준비

인생에서의 큰 전환점 중 하나인 명예퇴직은 물리적인 변화뿐만 아니라 마음의 강화가 필요한 순간입니다. 새로운 삶으로의 시작은 단순히 직장에서의 이별이 아니라, 내적으로 변화하고 성장하는 기회입니다. 따라서 명예퇴직을 향한 심리적인 준비는 그 자체로 중요한 여정입니다. 이번 절에서는 명예퇴직을 위한 심리적인 강화과정에 대해 심층적으로 탐구해 보고자 합니다.

첫 번째로 고려해야 할 부분은 명예퇴직에 대한 정확한 이해와 기대 관리입니다. 명예퇴직은 종종 자유롭고 행복한 시간으로만 인식되지만, 실제로는 변화에 대한 불안과 두려움이 함께하는 일입니다. 명예퇴직을 앞두고는 새로운 삶에 대한 미래에 대한 현실적이고 건강한 기대를 갖고, 변화에 대한 긍정적인 자세를 갖추는 것이 필수입니다.

또한, 명예퇴직을 향한 마음의 강화는 자아 인식과 깊게 연관되어 있습니다. 직업은 종종 우리의 정체성의 일부로 여겨지기 때문에, 퇴직은 자아 정체성에 대한 도전을 가져올 수 있습니다. 명예퇴직 전에는 자신의 가치와 존엄성을 다시 한번 확인하고, 퇴직 후에도 여전히 가치 있고 의미 있는 존재임을 자각하는 것이 필요합니다.

높은 삶의 질을 위해서는 명예퇴직 후에도 목표를 가지고 의미 있는 일을 찾아 나가는 것이 중요합니다. 종종 퇴직 후에는 일상에서의 목표가 상실되어 정서적인 공허감을 경험할 수 있습니다. 명예퇴직 전에는 자신만의 목표를 세우고, 퇴직 후에도 가치 있고 의미 있는 일을 찾는 방향으로 마음을 강화하는 것이 필요합니다.

다음으로, 명예퇴직을 위한 심리적인 강화는 자기 계발과 새로운 경험에 대한 개방적인 마음가짐을 포함합니다. 새로운 도전과 학습은 명예퇴직 후에도 계속되어야 합니다. 명예퇴직 전에는 새로운 관심사나 기술을 개발하고, 다양한 활동에 참여함으로써 삶의 다양성을 확장하는 것이 중요합니다. 이를 통해 자기 자신을 발견하고 발전시키는 과정에서 마음이 강화될 것입니다.

또한, 명예퇴직을 향한 심리적인 강화는 적절한 지원 시스템을 구축하는 것에서 시작됩니다. 가족, 친구, 혹은 전문 상담가와의 소통은 명예퇴직 과정에서 도움이 됩니다. 자신만의 감정과 생각을 탐구하고 이해하는 것은 새로운 삶에 대한 준비를 강화하는 데에 도움이 됩니다.

마지막으로, 명예퇴직을 위한 심리적인 강화는 긍정적인 마음가짐을 유지하는 것에서 핵심적입니다. 새로운 도전과 어려움에 대한 긍정적인 자세는 명예퇴직 생활을 보다 풍요롭게 만들어 줄 것입니다. 명예퇴직 전에는 긍정적인 자기 대화를 갖는 습관을 길러 두는 것이 좋습니다. 새로운 시작에 대한 기대와 긍정적인 에너지를 유지함으로써 명예퇴직은 보다 의미 있는 여정으로 이어질 것입니다.

종합하자면, 명예퇴직을 위한 심리적인 강화는 정확한 기대 설정, 자아 인식의 확인, 새로운 목표와 의미의 발견, 자기 계발과 경험에 대한 개방적인 마음가짐, 적절한 지원 시스템의 활용, 그리고 긍정적인 마음가짐의 유지로 이루어집니다. 명예퇴직은 단순히 직장에서의 이별이 아닌, 내면의 성장과 긍정적인 변화를 위한 기회로 인식되어야 합니다.

제3절. 신체적 준비

한 인생의 중요한 결점, 명예퇴직은 끝이 아닌 새로운 시작을 의미합니다. 이 중대한 전환 시기에서 건강한 몸과 마음을 유지하는 것은 더 나은 명예퇴직 생활을 보장합니다. 몸과 마음의 건강은 행복한 명예퇴직 생활의 필수 조건으로, 이번 절에서는 명예퇴직 전의 신체적 건강에 중점을 두어 이를 어떻게 관리할지 살펴보고자 합니다.

명예퇴직 이후, 우리는 보다 유연한 일정을 가지게 됩니다. 이 시점에서 운동은 몸의 건강을 유지하고 향상시키는 핵심입니다. 꾸준한 운동 습관은 심리적인 측면에서도 긍정적인 영향을 미치며, 건강한 노후를 위한 토대를 마련합니다. 산책, 수영, 요가 등 다양한 활동을 통해 몸을 활성화시키면 명예퇴직 생활의 에너지를 얻을 수 있습니다.

건강한 몸을 유지하는 데에는 건강 검진이 필수입니다. 명예퇴직 전에는 정기적인 건강 검진을 받아 현재 건강 상태를 파악하고 미래에 대비하는 것이 중요합니다. 이러한 예방적인 관리는 숨겨진 건강 문제를 조기에 발견하고 적절한 대응을 취할 수 있게 도와줍니다.

신체적 건강을 지키는 또 다른 중요한 측면은 올바른 식습관입니다. 명예퇴직 전에는 몸에 도움이 되는 다양한 영양소를 고루 섭취하도록 노력해야 합니다. 신선하고 다양한 식품을 통해 몸의 필요한 영양소를 충분히 공급받으면 명예퇴직 후에도 활기찬 삶을 즐길 수 있습니다. 식사뿐만 아니라 수면도 몸과 마음에 큰 영향을 미칩니다. 명예퇴직 전에는 충분한 휴식과 규칙적인 수면을 유지하는 습관을 들이는 것이 중요합니다. 건강한 수면은 몸의 회복에 도움을 주며, 정신적으로 안정된 상태를 유지하는 데 도움이 됩니다.

몸의 신체적 건강뿐만 아니라 마음의 건강도 명예퇴직 전에 신경 써야 할 중요한 부분입니다. 명예퇴직은 새로운 삶의 시작이지만, 이에 대한 두려움이나 불안감도 동반할 수 있습니다. 명예퇴직 전에는 이러한 감정을 인지하고, 마음의 안정을 찾기 위한 전략을 세우는 것이 필요합니다.

이를 위해, 먼저, 명예퇴직 전에는 자신만의 취미와 관심사를 발견하고 발전시키는 것이 중요합니다. 독서, 미술, 음악 등 다양한 취미를 통해 새로운 즐거움을 찾고, 이를 통해 정신적인 만족감을 느낄 수 있습니다. 몸과 마음이 활동적이면 명예퇴직 후의 일상에도 긍정적인 영향을 미칠 것입니다.

또한, 사회적인 연결은 마음의 건강을 지키는 데에 큰 도움을 줍니다. 명예퇴직 이후에는 직장에서의 사회적 네트워크가 줄어들 수 있습니다. 이에 대비하여 명예퇴직 전에는 다양한 사회적 활동에 참여하거나 친구, 가족과의 교류를 늘리는 노력을 기울이는 것이 좋습니다. 사회적인 연결은 명예퇴직 후에도 새로운 인간관계를 형성하고 지속할 수 있도록 도와줄 것입니다.

요약하자면, 명예퇴직 전의 신체적 건강과 마음의 건강은 풍요로운 명예퇴직 생활을 만들기 위한 필수적인 준비 과정입니다. 건강한 식습관, 꾸준한 운동, 정기적인 건강 검진은 몸의 건강을 지키는 데 필수적이며, 자신만의 취미와 사회적 활동은 마음의 안정과 만족을 도모하는 데 큰 역할을 합니다.

제4절. 가족과의 소통 강화 전략

　인생의 한 장을 마감하고 새로운 문을 열기 위한 명예퇴직은 결코 개인의 이별이 아닌, 가족과의 조화로운 연관된 과정입니다. 명예퇴직을 향한 이 전환 시기에서, 가족과의 소통은 새로운 시작에 필수적인 요소입니다. 이 절에서는 명예퇴직이라는 새로운 장을 열기 위해, 가족과의 소통을 강화하는 전략에 대해 심층적으로 살펴보고자 합니다.

　가족은 우리 삶에서 가장 근본적이고 지속적인 지지 체계입니다. 명예퇴직을 준비하는 동안, 이 중대한 시점을 가족과 함께하는 것은 새로운 삶의 시작에 있어서 꼭 필요한 것입니다. 먼저, 명예퇴직 전에는 가족 구성원들과의 소통을 강화하는 것이 중요합니다.

　가족 간 소통은 가족 유대감을 높이고 서로를 더 잘 이해할 수 있는 핵심입니다. 명예퇴직이 다가올수록, 가족 구성원들과의 미래에 대한 기대와 계획, 각자의 우려사항을 솔직하게 나누는 것이 중요합니다. 이를 통해 가족 구성원들은 서로의 마음을 더욱 잘 이해하고, 함께 어떻게 미래를 준비할지에 대한 공감대를 형성할 수 있습니다.

　또한, 명예퇴직 전에는 가족 구성원들과 함께 새로운 삶을 위한 계획을 세우는 것이 중요합니다. 가족 구성원들의 의견을 수렴하고 함께 논의함으로써, 각자의 욕구와 기대를 존중하면서도 협력적으로 새로운 삶을 설계할 수 있습니다. 명예퇴직은 가족이 함께하는 새로운 모험의 시작이기 때문에, 이를 함께 준비하는 것은 가족의 유대감을 더욱 강화하는 중요한 과정입니다.

　특히, 가족 구성원들과의 재정적인 부분에서의 소통은 명예퇴직 전략 중에서도 특히 중요합니다. 명예퇴직은 가족의 경제적인 상태에 영향을 줄 수 있기 때문에, 가족 구성원들 간에 재정적인 목표와 계획을 공유하고 토의하는 것이 필요합니다. 이를 통해 불필요한 금전적인 압박을 피하고, 가족 모두가 편안하게 명예퇴직 생활을 시작할 수 있습니다.

가족과의 소통은 물리적인 접촉만큼이나 디지털 커뮤니케이션을 통해서도 강화될 수 있습니다. 명예퇴직 전에는 가족 구성원들과 스마트폰, 비디오 콜, 소셜 미디어 등 다양한 수단을 활용하여 자주 소통하는 것이 좋습니다. 이를 통해 명예퇴직 후에도 계속해서 지속적인 연락을 유지하고 소통의 장을 마련할 수 있습니다.

가족 구성원들과의 소통 강화는 감사의 마음을 나누는 것으로도 이어집니다. 명예퇴직 전에는 가족 구성원들에게 감사의 마음을 전하고, 서로에 대한 이해와 지지를 강조하는 것이 좋습니다. 가족은 명예퇴직 생활에서의 중요한 지원체계이며, 이를 통해 가족 구성원 간의 유대감을 더욱 강화할 수 있습니다.

또한, 가족 구성원들과의 소통은 갈등 상황에서도 중요한 역할을 합니다. 명예퇴직 전에는 가족 간의 갈등을 예방하고 해결하기 위한 전략을 마련하는 것이 필요합니다. 갈등은 불가피한 부분이지만, 소통과 이해를 바탕으로 서로의 의견을 존중하고 효과적으로 해결할 수 있습니다.

요약하자면, 명예퇴직 전에는 가족과의 소통을 강화하는 것이 중요합니다. 가족 구성원들과 새로운 삶을 위한 계획을 세우고 의견을 나누며, 재정적인 부분에서의 소통과 감사의 마음을 전하는 것은 명예퇴직 생활을 더욱 풍요롭게 만들 수 있는 핵심입니다. 명예퇴직은 개인뿐만 아니라 가족과 함께하는 여정이며, 이를 위한 소통은 새로운 시작에 있어서 큰 의미를 지닙니다.

제5절. 보다 높은 삶의 질을 위한 명예퇴직 준비

인생의 한 장을 마감하고 다음 장을 열기 위한 명예퇴직은 개인의 성장과 풍요로운 미래를 위한 중대한 전환점입니다. 이 시점에서 명예퇴직을 통해 보다 높은 삶의 질을 찾고 유지하기 위해서는 신중한 계획과 현실적인 전망이 필요합니다. 이번 절에서는 명예퇴직으로부터 더 나은 미래를 위한 전략에 대해 논의하고자 합니다.

높은 삶의 질을 추구하기 위해서는 먼저 자신의 가치관과 목표를 명확히 이해해야 합니다. 명예퇴직 전에는 개인적인 가치와 욕망을 다시 한번 검토하고, 새로운 삶을 어떻게 보낼지에 대한 목표를 명확히 설정하는 것이 필요합니다. 이는 명예퇴직 후의 방향성을 제시하고 향후 계획을 수립하는 데에 큰 도움이 될 것입니다.

자유와 유연성은 명예퇴직 후의 중요한 측면 중 하나입니다. 새로운 시간을 활용하여 자신의 욕망에 집중하고, 새로운 취미나 관심사를 추구하는 것은 보다 풍요로운 삶을 만들어 나가는 데에 기여할 것입니다. 명예퇴직 전에는 이를 위한 다양한 가능성들을 탐색하고 새로운 삶을 더욱 풍요롭게 만들 수 있는 방안을 고려해 보는 것이 중요합니다.

높은 삶의 질은 건강한 삶에서 비롯됩니다. 명예퇴직은 신체적, 정신적 건강을 더욱 신경 써야 하는 시기입니다. 정기적인 운동 습관과 건강 검진은 명예퇴직 후의 생활을 보다 안정적으로 만들어 줄 것입니다. 또한, 건강한 식습관과 충분한 휴식, 수면을 유지하는 것은 명예퇴직 후에도 에너지를 충전하고 적극적으로 생활할 수 있는 기반이 될 것입니다.

사회적 연결은 높은 삶의 질을 형성하는 중요한 부분입니다. 명예퇴직 후에는 직장에서의 사회적 네트워크가 줄어들 수 있습니다. 따라서 명예퇴직 전에는 새로운 사회적 활동이나 지역 커뮤니티에 참여하여 새로운 인간관계를 형성하고 유지하는 계획을 세우는 것이 좋습니다. 다양한 사람들과의 교류는 명예퇴직 후의 생활을 더욱 풍요롭게 만들어 줄 것입니다.

재정적인 계획도 명예퇴직에서 높은 삶의 질을 위해 핵심적입니다. 명예퇴직 전에는 현재의 재정 상태를 명확히 파악하고, 퇴직 후의 생활비를 신중하게 계획하는 것이 필요합니다. 금융 전문가와 상담하여 투자 전략을 수립하고 예기치 못한 경제적 돌발 상황에 대비하는 것은 안정적인 명예퇴직 생활을 위해 중요합니다.

높은 삶의 질을 위해 명예퇴직 전에는 자기 계발에도 주의를 기울여야합니다. 시간의 유연성을 활용하여 새로운 학습과 지적 도전에 도전하는 것은 중요합니다. 새로운 분야의 공부, 예술적인 창작, 혹은 자원봉사와 같은 활동을 통해 계속해서 지적인 자극을 받는 것은 삶의 질을 향상시키는 데에 큰 역할을 할 것입니다.

마지막으로, 명예퇴직 전에는 자아실현과 삶의 목적에 대한 심층적인 고찰이 필요합니다. 자신이 원하는 삶의 방향과 목표를 명확히 하고, 명예퇴직을 통해 어떻게 그 목표를 실현할지 계획하는 것이 필요합니다. 자아실현은 삶의 질을 높이는 중요한 부분으로, 명예퇴직은 이를 위한 소중한 기회를 제공합니다.

요약하자면, 명예퇴직을 통한 높은 삶의 질을 위해서는 개인의 가치와 목표를 명확히 하고, 유연한 시간을 효과적으로 활용하여 건강 관리, 사회적 연결, 금전적인 계획 등에 신경을 쓰는 것이 필요합니다. 명예퇴직은 단순히 직장에서의 이별이 아닌, 보다 풍요로운 미래를 위한 시작이며, 이를 위한 계획과 준비는 높은 삶의 질을 이루는 데에 필수적입니다.

제3장

명예퇴직 후의 안정 및 건강 회복 전략

제1절. 명예퇴직 후의 감정 관리

인생의 한 장면이 닫히고 새로운 문이 열리는 명예퇴직은 기존의 업무와의 이별, 그리고 미지의 미래에 대한 두려움과 기대로 가득한 시기입니다. 이 변화에 대한 적응을 위해서는 명예퇴직 후의 감정을 이해하고 관리하는 것이 필수적입니다. 이를 효과적으로 달성하기 위해선 감정의 수련이 필요합니다.

명예퇴직은 과거의 경험과 도전에 대한 마무리를 내림으로써 새로운 시작을 의미합니다. 이는 쉽지 않은 과정일 수 있으며, 감정의 수련은 이를 효과적으로 진행하기 위한 필수 도구로 작용합니다. 첫째로, 과거의 성과나 실패에 연연하지 않고, 현재에 집중하는 것이 중요합니다. 이를 통해 긍정적인 마음가짐을 유지하고 미래에 대한 자신감을 키울 수 있습니다.

그러나 현실적으로 명예퇴직은 불확실성과 두려움을 동반합니다. 이러한 부정적인 감정을 효과적으로 다루기 위해서는 감정의 수련이 필요합니다. 처음에는 불안함과 두려움을 직시하고 받아들이는 것이 중요합니다. 이는 변화에 대한 정서적인 반응으로, 이를 인정하고 수용하는 것이 적응과 성장을 이끌어 낼 것입니다.

감정의 수련은 명예퇴직자에게 새로운 관점을 제공합니다. 업무에서의 스트레스와 갈등이 해소된 새로운 환경에서, 내면의 목소리를 듣고 이를 통해 자아를 발견할 수 있습니다. 이러한 과정은 창조성을 불러일으켜, 명예퇴직 후의 생활을 예술적으로 다루는 것과도 유사합니다. 내면의 감정과 아이디어를 자유롭게 표현하면서, 명예퇴직은 예상치 못한 아름다움으로 가득 찰 것입니다.

다양한 감정을 수련하는 것은 명예퇴직자가 새로운 목표와 기대를 설정하는 데 도움이 됩니다. 목적의식적인 감정 관리는 신체적, 정신적 건강에 긍정적인 영향을 끼칠 것입니다. 명예퇴직 후, 자신의 정체성을 찾아가는 여정에서 감정의 수련은 강력한 도구로 작용합니다.

중요한 점은 완벽함이 아닌 수용과 성장입니다. 명예퇴직은 완벽한 적응을 기대하기 어려운 여정이기 때문에, 자기 수용과 실패에 대한 관용을 배우는 것이 중요합니다. 이러한 자기 이해는 내적 안정성을 도모하고 건강한 감정 생활을 유지하는 데 도움을 줍니다.

명예퇴직 후의 감정 수련은 시간이 흐름에 따라 점차 깊어지게 됩니다. 감정의 다양성을 체험하고, 이를 이해하고 수련함으로써 명예퇴직 후의 평안과 안정, 그리고 건강한 삶을 찾아 나갈 수 있습니다. 이는 바다가 모래를 부드럽게 감싸는 것과 같이, 감정의 흐름을 인식하고 수련함으로써 명예퇴직자는 내면의 안정성을 찾아 나가며, 새로운 모험의 문을 열어 나갈 것입니다.

명예퇴직 후의 감정 수련은 명예퇴직자가 이 새로운 삶의 장을 안정적이고 건강하게 열어 나갈 수 있는 열쇠입니다. 긍정적인 마음가짐과 부정적인 감정에 대한 효과적인 대처 능력은 명예퇴직 후의 여정을 더욱 풍요롭게 만들 것입니다. 자기 수용과 성장을 통해 명예퇴직자는 내적 평화를 찾아가며, 감정의 바다에서 계속해서 새로운 발견을 이루어 나갈 것입니다.

제2절. 취미와 관심사의 발견

명예퇴직은 생애 중 한 가지 큰 전환점이자 새로운 일상을 창조해 나가는 과정입니다. 특히, 이 변화의 핵심은 자신만의 취미와 관심사를 찾아내어 일상을 풍요롭게 만들어 가는 것에 있습니다.

먼저, 명예퇴직 후의 일상에서 새로운 취미를 찾는 것은 긍정적인 심리적 영향을 가져옵니다. 취미는 삶의 일상에서 벗어나 새로운 경험과 기쁨을 창출함으로써 정서적 안정을 증진시킵니다. 미술, 정원 가꾸기, 언어 학습 등 다양한 취미는 명예퇴직자에게 새로운 자아실현의 기회를 제공합니다.

두 번째로, 명예퇴직 후의 관심사 발견은 인계를 향상시키는 데 기여합니다. 새로운 관심사를 통해 다양한 사람들과의 교류가 확장되면, 새로운 친구나 동료들과의 연결이 이루어집니다. 이는 사회적 관계의 다양성을 통해 명예퇴직자가 자신의 시야를 확장하고, 삶에 새로운 의미를 부여할 수 있도록 도와줍니다.

또한, 명예퇴직 후의 관심사 발견은 건강에 긍정적인 영향을 미칠 수 있습니다. 운동, 걷기, 춤추기와 같은 활동은 신체적 활동성을 유지하고 심리적 안정을 증진시킬 수 있습니다. 명예퇴직 후에는 더욱 건강에 더 신경을 써야 할 때이며, 이를 위해 관심사를 통한 활동은 몸과 마음의 균형을 유지하는 데에 도움을 줄 것입니다.

새로운 취미나 관심사를 찾는 것은 명예퇴직자가 자기 계발에도 도움이 됩니다. 계속해서 지적 호기심을 유지하고 새로운 분야에 도전하며 지식을 확장하는 것은 노후 생활을 더욱 활기차게 만드는 중요한 부분입니다. 더불어, 명예퇴직 후의 관심사 발견은 자아 정체성을 재설정하는 데 기여합니다. 업무에서의 정체성을 벗어나고, 자신이 진정으로 즐기고 흥미를 느끼는 활동을 통해 명예퇴직자는 자기 이해를 높이게 되고, 내적 안정성을 찾아가게 됩니다.

마지막으로, 명예퇴직 후의 관심사 발견은 일상에 의미와 목적을 부여합니다. 명예퇴직자가 자신의 관심사를 찾고, 자신의 기여가 더욱 의미 있다고 느낄 때, 일상은 풍요로워지고 만족스러운 것으로 변할 것입니다. 명예퇴직 후의 목표와 가치를 찾아가는 과정에서 새로운 일상은 삶의 다음 장을 채워 나가는 중요한 역할을 합니다.

명예퇴직 후의 평안과 안정, 그리고 건강 회복은 자신만의 일상을 창조하고 새로운 관심사와 취미를 발견하는 것에서 비롯됩니다. 이는 긍정적인 정서적 영향뿐만 아니라, 새로운 사회적 연결, 건강한 신체와 마음, 지적 호기심의 유지, 그리고 삶에 의미와 목적을 부여하는 데에도 큰 도움이 됩니다. 명예퇴직 후에는 자신만의 일상을 창조하며, 그것이 명예퇴직자에게 풍요로운 세계를 열어 줄 것입니다.

제3절. 명예퇴직 이후의 소통과 교류

명예퇴직 이후의 생활에서 사회적 연결은 새로운 문을 열며 의미 있는 삶을 살아가는 데에 있어 핵심적인 역할을 합니다. 이 절에서는 명예퇴직 이후의 소통과 교류가 어떻게 평안하고 안정적인 삶, 건강한 마음을 살아가는 데에 기여하는지에 대해 다루고자 합니다.

첫째로, 명예퇴직 이후의 소통과 교류는 새로운 인연을 만들어 가는 과정에서 중요한 역할을 합니다. 업무에서의 동료나 친구들과의 연락이 줄어들더라도, 새로운 사람들과의 소통은 명예퇴직 생활에 활력을 불어넣어 줍니다. 새로운 사람들과의 만남은 서로의 다양한 경험과 지식을 나누고 존중하는 과정을 통해 자아를 발전시키는 데 큰 역할을 합니다. 새로운 인연을 형성함으로써 삶의 다양한 면에서 새로운 관점을 얻을 수 있습니다.

둘째로, 명예퇴직 이후의 소통은 감정적 지지를 얻는 데에도 큰 도움을 줍니다. 새로운 환경에서는 어려움과 변화에 대한 스트레스가 높을 수 있습니다. 이때 가족이나 친구, 그리고 새로운 사회적 네트워크를 통해 감정적으로 소통하고 지지를 받는 것은 마음의 평안과 안정에 중요한 역할을 합니다. 어려운 순간에 이해하고 공감해 주는 소통을 통해 내적인 지혜를 찾고 마음의 휴식을 취할 수 있습니다.

셋째로, 명예퇴직 이후의 소통은 사회적인 책임과 역할감을 유지하는 데 도움을 줍니다. 지식과 경험을 나누는 것뿐만 아니라, 타인을 도움으로써 자신의 가치를 높이고 사회적으로 의미 있는 존재로 남을 수 있습니다. 봉사활동이나 지역 사회의 모임에 참여함으로써 명예퇴직 후에도 사회적인 의미와 책임을 가지며 성취감을 느낄 수 있습니다. 존경받는 사회적 역할은 명예퇴직자에게 자부심과 자신감을 부여합니다.

넷째로, 명예퇴직 이후의 소통과 교류는 계속된 학습과 성장에도 기여합니다. 다양한 사람들과 소통하고 새로운 환경에서 교류하는 것은 자신의 지식을 갱신하고 새로운 관점을 얻는 데에 도움이 됩니다. 또한, 다양한 분야의 지식과 경험을 공유함으로써 평생 학습의 중요성을 깨닫게 되며, 지적 호기심을 유지하게 됩니다. 명예퇴직 후에도 학습과 성장을 통해 끊임없이 새로워지는 삶을 살아갈 수 있습니다.

다섯째로, 명예퇴직 이후의 소통과 교류는 사회적인 고립과 외로움을 방지하는 데에도 효과적입니다. 새로운 친구들과의 소통은 외로움을 덜어 주며, 지속적인 교류는 사회적인 네트워크를 강화해 줍니다. 고독과 갈증을 해소하고 새로운 사람들과의 교류를 통해 명예퇴직 생활을 보다 풍요롭게 만들 수 있습니다. 새로운 인연을 만나고 소통함으로써 명예퇴직 이후에도 활기찬 삶을 즐길 수 있습니다.

이처럼 명예퇴직 이후의 사회적 연결은 다양한 의미에서 중요한 역할을 합니다. 새로운 인연의 발견, 감정적인 지지의 획득, 사회적인 의미와 책임의 유지, 학습과 성장, 그리고 외로움 해소와 고립 방지 등 다양한 측면에서 사회적 연결은 평안하고 안정적인 명예퇴직 생활을 구축하는 데에 핵심적인 도구가 됩니다.

제4절. 명예퇴직 후의 스트레스 관리 방법

　명예퇴직은 생애의 큰 전환 중 하나로, 자유롭고 평안한 노후를 기대할 수 있는 새로운 시작을 의미합니다. 그러나 이러한 전환은 자신의 정체성과 생활 방식에 대한 조절이 필요한 도전적인 시기일 수 있습니다. 명예퇴직자가 이러한 변화와 새로운 상황에서 발생하는 스트레스를 효과적으로 관리하는 방법은 무엇일까요?

　첫째로, 명예퇴직자는 변화에 대한 심리적인 준비를 갖추어야 합니다. 평소에 일상에서 벗어날 일이 적었던 명예퇴직자가 갑작스런 변화에 대처하는 것은 쉽지 않을 수 있습니다. 그러므로 명예퇴직자는 변화에 대한 자각과 이에 대한 긍정적인 태도를 키우는 것이 중요합니다. 이러한 마음가짐은 명예퇴직자가 새로운 환경에서 삶의 목표와 정의를 재설정하며, 긍정적인 변화로 채택할 수 있게 도와줄 것입니다.

　둘째로, 신체적 활동은 명예퇴직자의 스트레스 해소에 중요한 역할을 합니다. 정기적인 운동은 몸의 건강을 지키는 데 도움을 주면서 동시에 스트레스를 효과적으로 해소하는 데 도움이 됩니다. 걷기, 수영, 요가와 같은 다양한 운동 활동은 명예퇴직자에게 신체적 편안함과 정서적 안정을 제공할 것입니다.

　세 번째로, 명예퇴직자는 다양한 관심사와 활동을 찾는 것이 중요합니다. 명예퇴직 이후에는 빈자리가 생겼을 수 있지만, 이는 자신만의 유익하고 만족스러운 시간으로 채울 수 있는 기회입니다. 미술, 음악, 독서, 혹은 자원봉사와 같은 다양한 관심사와 활동을 통해 명예퇴직자는 자신의 삶에 새로운 의미를 부여할 수 있습니다.

또한, 명예퇴직자는 심리적인 지원을 받을 수 있는 사회적인 네트워크를 강화해야 합니다. 가족이나 친구들과의 소통은 명예퇴직자가 자신의 감정을 나누고 이를 이해받을 수 있는 중요한 수단입니다. 더불어, 전문적인 심리 상담이나 지원 단체를 활용하여 스트레스에 대한 대처법을 배우고, 자신의 감정을 적절히 처리하는 방법을 습득할 수 있습니다.

더불어, 명예퇴직자는 정해진 계획과 일정을 유지하는 것이 중요합니다. 명예퇴직 이후에는 업무에 대한 책임이 감소하게 되어 자유롭긴 하지만, 명확한 계획과 일정은 일상에서의 불안을 감소시키고 명예퇴직자의 새로운 일상에 안정성을 부여할 수 있습니다.

뿐만 아니라, 명예퇴직자는 여전히 새로운 도전에 개방적인 마음가짐을 유지해야 합니다. 명예퇴직자는 새로운 활동이나 프로젝트에 참여함으로써 자신의 능력을 발휘하고, 성취감을 느낄 수 있습니다. 이는 긍정적인 자아 이미지를 형성하고, 명예퇴직 후의 일상에 활력을 불어넣는 중요한 방법입니다.

마지막으로, 명예퇴직자는 휴식과 여가를 충분히 활용하는 것이 필요합니다. 스트레스 관리에 있어서 휴식은 중요한 구성 요소입니다. 명예퇴직자는 여가 시간을 통해 자신만의 행복과 안정을 찾을 수 있으며, 이는 일상에서의 스트레스를 효과적으로 완화시키는 역할을 합니다.

명예퇴직자가 새로운 삶의 시작에서 스트레스를 효과적으로 관리하는 것은 중요한 과제입니다. 변화에 대한 긍정적인 태도와 준비, 신체적 활동, 다양한 관심사와 활동, 사회적인 지원, 정해진 계획과 일정, 개방적인 마음가짐, 휴식과 여가 활용 등 다양한 전략을 통해 명예퇴직자는 안정된 평안한 삶을 살아갈 수 있을 것입니다. 새로운 도전과 발견을 통해 명예퇴

직자는 풍요로운 삶을 만들어 가며, 긍정적인 마음가짐으로 새로운 삶을
여유롭게 즐길 수 있을 것입니다.

제5절. 건강 유지를 위한 신체적 활동과 습관

명예퇴직은 우리 삶에서 큰 전환 중 하나로, 이 변화는 우리의 건강에 대한 새로운 고민과 관심을 불러일으킵니다. 명예퇴직 이후에도 건강을 유지하려면 운동과 건강한 습관이 필수적입니다. 이번 절에서는 명예퇴직자가 건강을 유지하고 안정된 삶을 즐기기 위한 다양한 신체적 활동과 습관에 대해 논의하고자 합니다.

가장 먼저, 명예퇴직자가 건강을 유지하는 핵심은 규칙적인 운동입니다. 몸을 움직이는 것은 심혈관 기능을 강화하고 근육을 유지하는 데에 큰 도움이 됩니다. 걷기, 조깅, 수영, 사이클링과 같은 유산소 운동은 체력을 유지하고 정신적인 안정을 찾는 데에 효과적입니다. 더불어 근력 운동도 중요하며, 요가나 필라테스와 같은 활동은 근육을 강화하고 유연성을 향상시킬 수 있습니다.

하지만 운동만으로는 건강한 삶을 유지하기 어렵습니다. 올바른 식습관도 명예퇴직자의 건강에 미치는 영향이 큽니다. 채소, 과일, 단백질, 양념과 조리법에 다양성을 부여하면서 영양소를 균형 있게 섭취하는 것이 중요합니다. 명예퇴직자는 적절한 식단과 수분 섭취를 통해 신체 내 기능을 최적화하고, 건강한 몸을 유지할 수 있습니다. 또한 식사 전후에 적절한 시간 간격을 두어 소화에 도움이 되도록 식사 습관을 형성하는 것이 중요합니다.

뿐만 아니라 명예퇴직자는 스트레스 관리에도 신경 써야 합니다. 명예퇴직 이후에는 변화와 불확실성으로 인한 스트레스가 늘어날 수 있습니다. 이를 관리하기 위해 명예퇴직자는 명상, 규칙적인 휴식, 적절한 수면

등을 통해 심리적 안정을 유지하는 습관을 가질 필요가 있습니다. 스트레스 관리는 건강한 삶을 위한 필수적인 도구로 작용하며, 명예퇴직자에게는 이를 통해 더욱 안정된 노후를 즐길 수 있는 기회가 열립니다.

또한 명예퇴직자가 유의해야 할 부분 중 하나는 사회적 활동의 중요성입니다. 친구들과의 만남, 동호회 참여, 지역 사회 활동 등 다양한 사회적 활동을 통해 명예퇴직자는 자신의 삶에 활기를 불어넣을 수 있을 뿐만 아니라 건강에도 긍정적인 영향을 미칩니다. 사회적으로 연결되어 있음으로써 명예퇴직자는 외로움을 느끼지 않을 뿐만 아니라 정서적 안정을 찾게 되어 건강한 마음을 유지할 수 있습니다.

또한, 명예퇴직자가 신체적 건강을 유지하는 데에는 정기적인 건강 검진의 중요성을 간과해서는 안 됩니다. 혈압, 혈당, 콜레스테롤과 같은 지표들을 정기적으로 확인하면서 몸 상태를 체크함으로써, 명예퇴직자는 예방적인 건강 관리에 기여할 수 있습니다. 건강한 몸과 마음을 유지하는 데에는 조기 발견과 예방이 큰 역할을 하며, 정기적인 건강 검진은 명예퇴직자가 삶의 질을 향상시키는 데에 도움을 줄 것입니다.

건강한 몸과 마음은 명예퇴직자가 안정된 삶을 즐기기 위한 필수적인 조건입니다. 신체적 활동, 올바른 식습관, 스트레스 관리, 사회적 활동, 정기적인 건강 검진 등의 다양한 전략을 통해 명예퇴직자는 건강을 지속적으로 유지하고, 더불어 안정된 삶을 즐길 수 있을 것입니다. 건강은 명예퇴직 이후의 여정에서 새로운 삶을 채워 나가기 위한 기반 중 하나로, 명예퇴직자는 자신의 건강에 주의를 기울이며 즐거운 노후를 추구할 수 있을 것입니다.

제4장

자아실현을 위한 다양한 옵션 탐색

제1절. 명예퇴직 후 새로운 꿈과 목표

명예퇴직은 인생에서 큰 전환점 중 하나로, 이를 통해 자아를 찾고 새로운 목표를 세우는 것은 매우 의미 있는 과정입니다. 목표의 설정은 이중에서도 핵심이며, 이는 논리적이고 현실적인 고려를 필요로 합니다.

먼저, 목표 설정에 앞서 자신의 가치관과 열정을 확실히 파악해야 합니다. 명예퇴직 이후 새로운 꿈을 향해 나아가려면 자신이 무엇에 진정으로 흥미를 느끼는지, 어떤 가치를 추구하는지를 명확히 이해해야 합니다. 이는 단순히 재정적인 측면이 아니라, 내적으로 보다 풍요로운 삶을 살기 위한 필수적인 단계입니다. 목표는 자아의 근본에 대한 깊은 이해를 기반으로 설정되어야만 합니다.

다음으로, 명예퇴직 후의 목표는 성장과 도전을 통해 새로운 경험을 쌓고자 하는 욕구를 반영해야 합니다. 지난 경력을 통해 얻은 노하우와 지식을 활용하되, 동시에 새로운 분야나 기술에 대한 도전을 통해 자기 자신을 발전시켜야 합니다. 명예퇴직 이후에도 새로운 것을 배우고 습득함으로써, 지적 호기심을 유지하고 삶에 활력을 불어넣을 수 있습니다. 목표 설정은 단순히 안정적인 생활을 위한 것이 아니라, 지속적인 성장과 도전을 통한 삶의 품격 향상을 목표로 해야 합니다.

또한, 목표의 설정은 단기적인 목표와 장기적인 비전을 조화롭게 고려해야 합니다. 명예퇴직 후의 생활은 예상치 못한 여유와 시간이 동반됩니다. 이를 효과적으로 활용하기 위해서는 단기적인 목표를 세우는 동시에 장기적인 비전도 함께 고려해야 합니다. 단기 목표는 일상적인 도전과 성취를 통해 자신감을 유지하고, 장기 비전은 인생에 대한 큰 그림을 그려 삶에 의미를 부여합니다. 목표의 설정은 이러한 단기와 장기의 균형을 맞추는 것에서 성공적으로 이루어집니다.

마지막으로, 목표의 설정은 주변의 기대나 사회적 압박에 휩쓸리지 않고 자유로운 마음으로 결정되어야 합니다. 명예퇴직 후의 삶은 자신만의 독자적인 여정입니다. 다양한 의견을 수렴하되, 최종적인 결정은 자신만의 내면에서 비롯된 것이어야 합니다. 다른 이들의 시선에 영향을 받지 않고 자유롭게 선택하고 결정하는 용기는 목표의 설정에서 핵심적인 역할을 합니다.

명예퇴직 후의 생활은 새로운 도전과 발견의 기회로 가득합니다. 목표의 설정은 이 여정의 첫걸음이자, 새로운 삶을 설계하는 중요한 부분입니다. 가치관과 열정을 고려하며, 성장과 도전을 통한 목표를 세우며, 단기와 장기의 균형을 맞추고, 외부의 영향에 휩쓸리지 않는 자유로운 선택을 통해 명예퇴직 후의 인생을 의미 있게 채워 나갈 수 있을 것입니다.

제2절. 명예퇴직 후의 계속된 자기 계발

명예퇴직 후의 인생은 새로운 모험과 기회가 가득한 장소로의 여정입니다. 이 뜻깊은 시기에는 무한한 학습과 지속적인 성장이 명예퇴직자의 삶을 더욱 풍요롭게 만들 수 있는 열쇠라고 말할 수 있습니다. 이 절에서는 명예퇴직 후의 자기 계발에 대한 현실적인 관점과 다양한 학습 옵션에 대해 논의하고자 합니다.

우선, 명예퇴직 후의 학습과 성장은 정체되지 않고 지속적인 호기심을 유지하는 데에 불가피하게 연결되어 있습니다. 과거의 경험을 바탕으로 한 명예퇴직자는 자신만의 속도로 새로운 지식을 습득할 수 있는 기회를 가지게 됩니다. 이는 단순히 신기술 습득이 아니라, 예술, 인문학, 과학 등의 다양한 분야에 대한 깊은 탐구를 의미합니다. 이를 통해 명예퇴직자는 자신의 시야를 확장하고 더 풍부한 인생을 살아갈 수 있습니다.

둘째로, 명예퇴직 후의 자기 계발은 현실적인 목표와 계획 수립에서 시작됩니다. 삶의 소홀한 부분이나 미뤄 둔 꿈을 발견하고, 그에 맞는 계획을 세우는 것은 매우 중요합니다. 예를 들어, 외국어 학습, 예술적 창작 혹은 특정 분야의 전문 지식 확장 등은 명예퇴직자의 자기 계발을 위한 구체적인 목표로 제시될 수 있습니다. 이러한 목표는 이상적인 상상이 아닌, 현실적으로 실현 가능한 것이어야 합니다.

세 번째로, 명예퇴직 후의 자기 계발은 다양한 학습 플랫폼과 자원을 활용하는 것이 효과적입니다. 현대에는 수많은 온라인 강좌, 전자책, 웹 세미나 등이 쉽게 이용 가능합니다. 명예퇴직자는 이를 통해 원하는 분야에서 최신 정보를 습득하고, 전문가들과 소통하며 새로운 시각과 아이디어를 얻을 수 있습니다. 이러한 온라인 자원을 효과적으로 활용하면 명예퇴직 후에도 능동적으로 세상과 연결되며, 계속해서 성장하는 기회를 놓치지 않을 수 있습니다.

또한, 명예퇴직 후의 자기 계발은 적극적인 사회 참여를 통해 풍부한 경험과 인간관계를 형성하는 데 중요합니다. 지역 사회에서의 봉사활동, 동호회 참여, 자원봉사 등을 통해 명예퇴직자는 자신의 기술과 경험을 나누며 동시에 다양한 인연을 만들어 갈 수 있습니다. 이는 자기 계발뿐만 아니라, 사회적 연결성을 강화하고 풍요로운 노후생활을 위한 필수적인 부분입니다.

마지막으로, 명예퇴직 후의 자기 계발은 심리적인 안정과 만족감을 증진시키는 데 큰 역할을 합니다. 지속적인 학습은 새로운 도전에 대한 자신감을 부여하며, 미래에 대한 두려움을 완화시킵니다. 이는 명예퇴직자가 자신의 가치와 존엄성을 유지하는 데 도움을 주고, 더 나아가 자아실현을 향한 목표를 찾게 도와줍니다.

명예퇴직 후의 자기 계발은 인생의 다음 장을 준비하는 과정에서 필수적입니다. 지속적인 호기심과 학습의 욕구를 통해 명예퇴직자는 더 풍요로운 노후를 즐길 수 있습니다. 현실적인 목표와 계획 수립, 다양한 학습 자원 활용, 사회적 참여와 연결, 그리고 심리적 안정을 추구하는 이러한 노력들이 명예퇴직 후의 성공적인 자기 계발을 이끌어 낼 것입니다.

제3절. 명예퇴직을 통한 새로운 의미 찾기

명예퇴직은 일생의 새로운 장을 열며, 그동안 축적된 지식과 경험을 사회에 기여하는 소중한 기회를 제공합니다. 이로써 명예퇴직자는 자원봉사 및 사회 참여를 통해 자신의 삶에 새로운 의미를 부여하고, 사회에 기여함으로써 풍요로운 노후를 창출할 수 있습니다. 이번 절에서는 명예퇴직 후의 자원봉사와 사회 참여가 어떻게 명예퇴직자의 삶을 더욱 풍요롭게 만들어 나갈 수 있는지에 대해 더 깊이 탐구하고자 합니다.

먼저, 명예퇴직 후의 자원봉사와 사회 참여는 새로운 의미를 찾는 데에 큰 역할을 합니다. 자원봉사는 사회적 문제에 대한 인식과 공감을 높이는 데에 도움을 주며, 그에 따른 직접적인 기여를 통해 명예퇴직자의 역량을 확인하고 발전시킬 수 있는 기회를 제공합니다. 명예퇴직자가 자원봉사를 통해 다양한 분야에서 도전하고 새로운 인연을 만나면서, 삶에 새로운 활력과 의미를 부여할 수 있습니다.

뿐만 아니라, 명예퇴직자의 자원봉사는 지역 사회에 긍정적인 영향을 미칠 수 있는 주도적인 역할을 할 수 있습니다. 명예퇴직자가 자신의 전문 분야 지식과 경험을 활용하여 지역 사회의 문제에 기여함으로써, 그들의 경험이 더 큰 의미를 갖게 됩니다. 이는 명예퇴직자가 자신의 노하우를 활용하여 사회적으로 의미 있는 일을 할 수 있는 특별한 기회를 의미합니다. 이를 통해 명예퇴직자는 자신의 경험을 바탕으로 지역 사회의 변화에 도전하고, 새로운 시각을 제시하며 혁신적인 기여를 할 수 있습니다.

또한, 자원봉사와 사회 참여는 명예퇴직자의 심리적 안정감을 향상시킬 수 있습니다. 사회적 연결성은 삶의 만족도와 긍정적인 정신 건강에 큰 영향을 미칩니다. 명예퇴직자가 지역 사회의 일원으로 참여하고, 다양한 사람들과 소통하며, 공동체의 일부로 활동하는 것은 새로운 사회적 관계 망을 형성하고 유지하는 데에 도움이 됩니다. 이는 명예퇴직 후에도 사회적으로 연결되어 살아가는 데에 큰 도움을 줄 것입니다. 또한, 이러한 활동을 통해 명예퇴직자는 자신의 가치와 능력을 다시 확인하며 긍정적인 정서를 유지할 수 있습니다.

그리고 명예퇴직자의 자원봉사는 개인적인 성취감과 만족감을 증진시킬 수 있습니다. 명예퇴직자가 지난 경험과 지식을 바탕으로 다양한 사회적 과제에 참여하면서, 자신이 타인에게 도움을 주고 있다는 느낌을 갖게됩니다. 이는 자아실현의 중요한 부분 중 하나로, 명예퇴직자에게 긍정적인 정서적인 영향을 미칠 것입니다. 자원봉사를 통해 명예퇴직자는 공익적인 목표 달성에 참여함으로써, 그 과정에서 얻는 성취감과 자부심은 노후생활에 새로운 의미를 부여합니다.

마지막으로, 명예퇴직자의 자원봉사와 사회 참여는 사회적 책임감을 높이고, 삶에 의미를 부여하는 데에 큰 역할을 합니다. 명예퇴직은 개인적인 목표를 새롭게 정립하고 삶에 새로운 의미를 찾는 과정입니다. 이러한 과정에서 자원봉사와 사회 참여는 개인의 행동이 사회 전체에 미치는 영향을 강조하고, 그것이 삶에 높은 의미를 부여합니다. 명예퇴직자가 사회에 기여함으로써 미래에 대한 긍정적인 기대를 가지게 되며, 지속적인 성장과 만족을 추구하는 데에 큰 힘을 얻게 됩니다.

명예퇴직 후의 자원봉사와 사회 참여는 명예퇴직자가 새로운 삶의 장을 열며, 자신의 경험과 지식을 활용하여 사회에 기여하는 데에 중요한 수단이 됩니다. 이를 통해 명예퇴직자는 삶에 새로운 목표를 세우고, 주변 사회와의 조화로운 관계를 통해 의미 있는 노후생활을 만들어 나갈 수 있습니다. 이러한 활동들은 명예퇴직자에게 긍정적인 영향을 미칠 뿐만 아니라, 사회 전체에도 나아가 긍정적인 변화를 가져올 것입니다.

제4절. 명예퇴직 후의 관심 취미와 창작적 활동

　명예퇴직은 인생의 새로운 장을 여는 것이 아닐 뿐만 아니라, 관심 취미와 창작적 활동을 통해 자기 계발과 삶의 풍요로움을 창출하는 기회로 받아들일 수 있습니다. 이번 절에서는 명예퇴직 후의 관심 취미와 창작적 활동이 명예퇴직자에게 어떤 의미를 부여하고 어떻게 그들의 노후를 더욱 풍요롭게 만들어 나갈 수 있는지에 대해 논하고자 합니다.

　첫째로, 명예퇴직 후의 관심 취미와 창작적 활동은 자아실현의 중요한 수단으로 작용합니다. 명예퇴직자는 흥미와 열정을 살리고 자신의 관심사를 찾아내어 그에 몰두함으로써, 다시 한번 자기 자신과의 소통의 기회를 갖게 됩니다. 과거에 어쩌면 소홀했던 취미나 관심사를 다시 발견하고 이를 통해 새로운 자아를 찾는 것은 명예퇴직자에게 새로운 도전과 성장의 기회를 제공합니다. 이는 자아실현의 첫걸음으로, 명예퇴직 후에 자기발견과 새로운 지평을 열어 나갈 수 있는 중요한 계기가 됩니다.

　둘째로, 명예퇴직 후의 관심 취미와 창작적 활동은 행복과 만족을 창출하는 데 크게 기여합니다. 명예퇴직자가 즐겁게 할 수 있는 관심사에 시간과 노력을 투자함으로써, 긍정적인 감정과 만족감을 높일 수 있습니다. 음악, 미술, 수영, 독서 등의 활동은 창조적인 측면에서만이 아니라, 정신적인 안정과 평온을 창출하여 명예퇴직 후의 삶에 긍정적인 영향을 미칩니다. 이를 통해 명예퇴직자는 자신만의 소소한 즐거움과 행복을 찾아가며, 풍요로운 노후를 위한 자신만의 비밀을 발견합니다.

　세 번째로, 명예퇴직 후의 관심 취미와 창작적 활동은 사회적 연결성을 강화하는 데 도움을 줍니다. 명예퇴직자가 자신의 관심사에 기반한 동호

회나 클럽, 그리고 지역 커뮤니티 활동에 참여함으로써, 이들은 유익한 인간관계를 형성하고 새로운 친구들을 만날 수 있습니다. 이는 명예퇴직자가 사회적으로 연결되어 살아가는 데에 있어서 중요한 부분으로, 관심을 공유하는 사람들과 함께 활동함으로써 명예퇴직자는 소통력을 기르고 지속적인 사회적 연결을 유지할 수 있습니다.

또한, 명예퇴직자의 창작적 활동은 지식과 경험을 다양한 이들과 나누는 중요한 수단이 됩니다. 글쓰기, 블로그 운영, 그림 그리기 등을 통해 명예퇴직자는 자신만의 창작물을 만들어 내고, 이를 통해 다른 이들과 소통하며 지식을 공유해야 합니다. 이러한 창작적인 활동은 명예퇴직자의 지식과 경험을 확장시키고, 더 넓은 사회와 소통하는 데에 기여합니다. 이는 명예퇴직자가 자신만의 특별한 세계를 창조하고 동시에 타인과 소통함으로써 삶에 더 많은 의미를 부여할 수 있는 기회를 제공하기도 합니다.

마지막으로, 명예퇴직 후의 관심 취미와 창작적 활동은 심리적인 안정성을 증진시킵니다. 명예퇴직자가 자신의 관심사에 대한 새로운 도전과 성취를 통해 자아 만족을 얻을 수 있습니다. 이러한 심리적 안정은 명예퇴직자가 변화와 새로운 시작에 대처하면서 긍정적인 마음가짐을 유지하는 데에 중요한 역할을 합니다. 명예퇴직 후의 생활에서 창작적인 요소들은 명예퇴직자에게 안정감과 만족감을 제공하며, 그들이 자신의 인생 여정을 긍정적으로 바라보게 합니다.

요약하자면, 명예퇴직 후의 관심 취미와 창작적 활동은 명예퇴직자에게 새로운 자아실현과 행복을 찾는 기회를 제공합니다. 명예퇴직자는 자신의 관심사를 찾아 키우고, 즐거움을 찾아가는 과정에서 긍정적인 정서와 안정성을 확보할 수 있습니다. 뿐만 아니라, 관심을 공유하는 사람들과의 교류를 통해 사회적 연결성을 높이고, 자신의 창작물을 통해 다른 이들과 소통하며 지식을 공유할 수 있습니다. 이를 통해 명예퇴직자는 자기 발전과 풍요로운 노후를 위한 새로운 가능성을 찾아가며, 더욱 풍요로운 삶을 창조해 나갈 것입니다.

제5절. 명예퇴직 후의 사회적 네트워킹 방법

명예퇴직은 개인의 인생에서 큰 전환점 중 하나로, 이는 과거의 업무에 종사했던 기간을 마무리하고 미래에 대한 새로운 가능성을 모색하는 기회를 제공합니다. 명예퇴직자들에게는 기존의 경험과 지식을 활용하여 새로운 사회적 네트워크를 구축하고 확장할 수 있는 특별한 기회가 주어집니다. 이번 절에서는 명예퇴직 후의 사회적 네트워킹 방법에 대해 보다 심층적으로 논하고, 명예퇴직자들이 자신의 인적 자원을 최대한 활용하여 의미 있는 연결을 형성하는 방법에 대해 자세히 살펴보고자 합니다.

우선, 명예퇴직자가 사회적 네트워킹을 시작하는 첫 번째 방법은 지역 커뮤니티 및 클럽 활동에 참여하는 것입니다. 지역 사회 기반의 클럽이나 자원봉사 단체에 참여함으로써 명예퇴직자는 다양한 사람들과 소통하고 새로운 친구를 만들 수 있는 기회를 얻게 됩니다. 이를 통해 명예퇴직자는 자신의 전문성을 기반으로 사회에 기여하며, 동시에 주변 지역 사회와 소통함으로써 다양한 배경과 경험을 갖춘 사람들과의 교류를 증진시킬 수 있습니다. 특히, 지역 커뮤니티에서의 활동은 지역 사회에 더욱 깊게 녹아들면서 명예퇴직자의 사회적 영향력을 높일 수 있는 효과적인 수단이 되었습니다.

둘째로, 명예퇴직자는 온라인 네트워킹 플랫폼을 적극적으로 활용하는 것이 중요합니다. 소셜 미디어, 전문적인 네트워킹 사이트, 블로그 등을 통해 명예퇴직자는 전 세계의 사람들과 연결되어 자신의 경험과 지식을 나누고, 다양한 분야의 전문가들과 소통할 수 있습니다. 이는 지리적인 제약을 극복하고 다양한 의견과 아이디어를 접하며 명예퇴직자가 새로운 시각과 아이디어를 얻을 수 있는 기회를 제공합니다. 특히, 온라인 네트워킹은 명예퇴직자가 자신의 전문성을 강조하고 글로벌한 사회적 네트워크를 형성하는 데에 큰 도움이 됩니다.

세 번째로, 명예퇴직자는 전문적인 네트워킹 행사 및 콘퍼런스에 적극적으로 참여함으로써 자신의 사회적 네트워크를 강화할 수 있습니다. 이러한 행사는 업계 내에서 인정받고 있는 전문가들과 직접 소통하며 실질적인 정보를 얻을 수 있는 장으로 작용합니다. 또한, 이러한 행사에서 명예퇴직자는 자신의 경험을 나누고 새로운 프로젝트에 참여하거나, 협력할 수 있는 기회를 찾을 수 있습니다. 특히, 전문적인 행사에서는 공통의 관심사를 가진 전문가들과의 소통이 더욱 증진되어 실질적인 비즈니스 기회를 모색할 수 있는 환경이 조성되기도 합니다.

또한, 명예퇴직자는 특정 주제나 산업에 관련된 온라인 포럼이나 커뮤니티에 참여하여 전문적인 네트워킹을 강화할 수 있습니다. 이러한 플랫폼은 특정 분야의 전문가들이 의견을 나누고 지식을 교환하는 장으로, 명예퇴직자는 자신의 전문성을 강조하고 다양한 의견에 노출되어 새로운 아이디어를 얻을 수 있습니다. 또한, 온라인 포럼은 지리적인 제약 없이 세계 각지의 전문가들과 연결되어 다양한 관점과 문화적 배경에서의 지식을 확장하는 데 도움이 됩니다.

뿐만 아니라, 명예퇴직자는 자신의 경험과 지식을 공유하는 블로그를 운영하거나 글쓰기를 통해 전문적인 인지도를 확장할 수 있습니다. 특정 분야에서의 전문성을 갖춘 명예퇴직자의 글은 다른 이들에게 가치 있는 정보를 제공하며, 이를 통해 새로운 연결과 기회를 창출할 수 있습니다. 또한, 명예퇴직자가 자신의 아이디어와 경험을 공유하는 것은 다양한 사람들과의 소통을 증진시키고, 자신의 지식을 확장하는 기회를 제공합니다.

마지막으로, 명예퇴직자는 현업에서 인정받았던 동료들과의 관계를 유지하고 활용하는 것도 중요합니다. 이들은 명예퇴직자의 전문성을 인정하고 이에 따라 협력할 가능성이 크기 때문입니다. 이들과의 연결은 현업에서의 경험을 바탕으로 협업 프로젝트를 수행하거나, 자문을 구하거나, 새로운 일자리를 찾는 데에 도움이 될 수 있습니다. 명예퇴직자의 현업 동료들과의 강한 연결은 신뢰와 상호 혜택을 기반으로 한 지속적인 사회적 네트워킹을 지원할 것입니다.

요약하자면, 명예퇴직 후의 사회적 네트워킹은 다양한 방법을 통해 이루어질 수 있습니다. 지역 커뮤니티 활동, 온라인 네트워킹 플랫폼 활용, 전문적인 행사 및 콘퍼런스 참여, 온라인 포럼 참여, 글쓰기 및 블로그 운영, 그리고 현업 동료들과의 관계 유지 등이 그 예시입니다. 명예퇴직자는 이러한 다양한 방법을 통해 자신의 경험과 지식을 공유하고, 새로운 연결을 형성하여 의미 있는 노후생활을 즐길 수 있는 기회를 창출할 수 있습니다.

제5장

재정 관리와 명예퇴직 후의 금융 전략

제1절. 명예퇴직 후의 효율적인 투자 전략과 재테크

인생의 한 장면을 마치고 명예퇴직을 맞이하면서, 더 나은 미래를 위한 재정 전략 수립이 핵심 과제가 됩니다. 명예퇴직 후의 금융 전략은 객관적이고 논리적인 접근으로 개발되어야 하며, 이는 명확한 목표, 다양한 투자 방법, 전문가의 조언, 세금 및 유산 계획, 리스크 관리 그리고 사회적 책임 투자를 포함해 다양한 측면을 고려하는 것이 필요합니다.

가. 투자 목표의 명확한 설정

명예퇴직 후, 금융 목표를 정의하고 명확히 설정하는 것이 매우 중요합니다. 생활 수준의 유지와 더 나아가 어떤 목표를 이루고자 하는지를 정확히 파악함으로써, 투자 전략에 목표를 충실히 반영할 수 있습니다. 목표가 명확하게 정해지면, 효과적인 투자 결정을 내릴 수 있게 됩니다.

나. 저축과 투자의 균형 유지

명예퇴직 후의 재정 관리에서 가장 핵심적인 측면 중 하나는 안전한 저축과 적절한 투자의 균형을 유지하는 것입니다. 긴급 상황에 대비하면서도 장기적인 성장을 위해, 안전한 저축 수단과 적절한 투자를 조화롭게 조절해야 합니다. 이러한 균형은 금융적 안정성과 미래의 번영을 동시에 보장할 수 있습니다.

다. 다양한 자산 클래스에 투자

효과적인 투자 전략은 주식, 채권, 부동산 등 다양한 자산 클래스에 투자하는 것을 필요로 합니다. 자산을 분산하여 리스크를 최소화하고 안전성을 강화하는 것은 명예퇴직 후의 금융 전략에서 핵심적인 부분입니다. 다양한 자산에 분산투자함으로써 투자 포트폴리오를 안정화시킬 수 있습니다.

라. 전문가와의 상담과 교육

금융 전문가와의 상담은 명예퇴직 후의 금융 전략을 수립하는 과정에서 핵심적인 역할을 합니다. 개인의 목표와 상황에 맞는 투자 전략을 개발하기 위해 전문가의 조언을 듣고 실용적인 지식을 확보하는 것이 중요합니다. 지속적인 금융 교육은 금융 시장의 동향을 파악하고 미래의 변화에 대비하는 데 도움이 됩니다.

마. 세금 계획과 유산 계획

명예퇴직 후의 금융 전략에서 세금과 유산에 대한 계획 수립은 피할 수 없는 부분입니다. 효과적인 세금 계획은 수익을 극대화하고 동시에 부담을 최소화할 수 있는 전략을 수립하는 것을 의미합니다. 또한 유산 계획을 통해 가족에게 물질적인 부담을 최소화할 수 있습니다.

바. 신중한 리스크 관리

명예퇴직 후의 금융 전략에서 신중한 리스크 관리가 필수적입니다. 투자에 따른 리스크를 정확히 평가하고, 상황에 따라 적절한 대응책을 마련하는 것은 금융 안정성을 유지하는 데 결정적인 역할을 합니다. 금융 시장의 불확실성 속에서 신중한 계획 수립과 실행이 미래의 안정성을 확보하는 핵심입니다.

사. 사회적 책임 투자

명예퇴직 후의 투자 전략에서 사회적 책임 투자를 고려하는 것이 지속 가능한 미래를 위한 필수 사항입니다. ESG(환경, 사회, 거버넌스)에 중점을 두는 투자는 개인의 금융 이익뿐만 아니라 지속 가능한 세계를 위한 긍정적인 영향을 가져올 수 있습니다.

명예퇴직은 미래를 위한 새로운 시작이며, 이를 효과적으로 이끌어 나가기 위해서는 지혜롭게 재정을 관리하는 금융 전략이 필요합니다. 명확한 목표, 다양한 투자, 전문가의 조언, 세금 및 유산 계획, 리스크 관리, 그리고 사회적 책임 투자를 고려하여 더욱 안정적인 미래를 위한 길을 찾아가길 바랍니다.

제2절. 명예퇴직 후의 금융적 안정을 위한 전략

명예퇴직은 한 인생 단계의 마무리와 더불어 금융적인 안정을 유지하고 새로운 시작을 준비하는 과정입니다. 이 절에서는 명예퇴직 후의 금융적인 안정을 확보하기 위한 전략에 대해 실질적이고 공감 가능한 관점에서 논의하고자 합니다.

가. 재테크와 투자의 조화

명예퇴직 후, 재테크와 투자의 균형은 금융적 안정을 위한 기반입니다. 안전한 금융 상태를 유지하면서도 자산을 효율적으로 활용해 성장 가능성 있는 투자를 찾는 것이 중요합니다. 이는 어렵지만, 포트폴리오를 다양화하고 금융 목표에 맞는 전략을 선택하여 재무적 안정성을 높이는 데 도움이 됩니다.

나. 비상금 유지와 예비 자금 마련

금융적인 안정을 위한 두 번째 전략은 비상금을 유지하고 예비 자금을 마련하는 것입니다. 생활에 필수적인 지출과 예기치 못한 상황에 대비하기 위해 충분한 금액의 비상금을 확보하는 것이 중요합니다. 의료 비용이나 긴급 수리 비용 등에 대비하여 예비 자금을 마련하면, 예상치 못한 돌발 상황에 대처하는 데 있어 자신감을 얻을 수 있습니다.

다. 생활비 예산의 세심한 계획

명예퇴직 후, 생활비 예산을 세심하게 계획하는 것은 금융적인 안정을 위한 핵심입니다. 지출 패턴을 신중하게 분석하고 적절한 예산을 마련하여 금융적인 부담을 최소화할 수 있습니다. 예산을 효과적으로 관리하면, 명예퇴직 후에도 안정적인 삶을 유지할 수 있습니다.

라. 건강 보험 및 장기요양 보험 가입

금융적인 안정을 위한 네 번째 전략은 건강 보험 및 장기요양 보험에 가입하는 것입니다. 명예퇴직 후에도 건강은 핵심 자산이며, 적절한 보험 가입을 통해 의료 비용에 대한 부담을 최소화할 수 있습니다. 건강에 대한 신경을 써 가며 금융적인 위험을 방지할 수 있는 전략입니다.

마. 부동산 관리와 재테크

다섯 번째 전략은 부동산 관리와 재테크에 중점을 두는 것입니다. 부동산을 투자로 활용하거나 부동산 가치를 높이는 재테크를 통해 수익을 창출하는 것은 금융적인 안정을 높이는 핵심 전략 중 하나입니다. 부동산 시장 동향을 주시하고 전략적으로 부동산 자산을 관리함으로써 재무적으로 안정된 삶을 유지할 수 있습니다.

바. 사회보장 및 연금 수령 계획

명예퇴직 후의 여섯 번째 전략은 사회보장 및 연금 수령 계획을 세우는 것입니다. 정부의 사회보장 및 연금 지원을 최대한 활용하면서 개인의 금융적인 상황에 맞게 계획을 수립하는 것이 중요합니다. 이를 통해 기본적인 생계를 보장하고 금융적인 부담을 완화할 수 있습니다.

사. 지속 가능한 소비 및 투자

마지막으로, 명예퇴직 후의 금융 전략에서는 지속 가능한 소비와 투자를 고려해야 합니다. 지속 가능한 소비는 환경에 대한 책임감을 반영하는 가치이며, 투자 또한 지속 가능한 성장을 목표로 하는 것이 중요합니다. 이를 통해 미래를 지속적으로 대비하고 금융적인 안정성을 유지할 수 있습니다.

명예퇴직 후의 금융 전략은 복잡하고 많은 측면을 고려해야 합니다. 재테크와 투자의 균형, 비상금과 예비 자금 마련, 생활비 예산의 세심한 계획, 건강 보험 및 장기요양 보험 가입, 부동산 관리와 재테크, 사회보장 및 연금 수령 계획, 그리고 지속 가능한 소비와 투자를 통해 명예퇴직 후에도 안정적인 삶을 영위할 수 있습니다. 이러한 전략들을 적절히 활용하면 미래에 대한 불안을 완화하고 금융적인 안정성을 확보할 수 있을 것입니다.

제3절. 금전적 스트레스를 완화하기 위한 전략

명예퇴직은 새로운 삶의 시작이지만, 금전적인 스트레스는 피할 수 없는 동반자입니다. 명예퇴직 후의 금전적 안정을 유지하려면 신중한 계획과 전략이 필요합니다. 이 절에서는 금전적인 스트레스를 완화하고 재정적 안정성을 증진하기 위한 몇 가지 전략을 살펴보겠습니다.

가. 예산 수립과 관리

명예퇴직 후, 정확하고 현실적인 예산 수립은 금전적인 스트레스를 완화하는 첫걸음입니다. 생활비의 변동성이 높아질 수 있는 시기이기 때문에 명확한 수치를 기반으로 한 예산은 생계의 핵심입니다. 필수 지출과 여유 지출을 명확히 구분하고, 실제 지출과 비교하여 예산을 지속적으로 관리함으로써 금전적인 통제를 갖출 수 있습니다.

나. 비상금 구축

금전적인 스트레스를 완화하는 데 도움이 되는 두 번째 전략은 충분한 비상금을 구축하는 것입니다. 생활에 예상치 못한 돌발 상황이 발생할 수 있기 때문에 비상금은 자금의 안전망 역할을 합니다. 의료 비용이나 긴급한 수리 비용에 대비하여 충분한 금액을 확보함으로써 예상치 못한 돌발 상황에 대처할 수 있는 자금을 마련할 수 있습니다.

다. 적절한 투자 전략 수립

퇴직 후의 금전적인 안정을 위해 필요한 세 번째 전략은 적절한 투자 전략을 수립하는 것입니다. 안전한 투자와 성장 가능성 있는 투자의 균형을 찾아내어 자금을 효율적으로 운용하는 것이 중요합니다. 개인의 투자 목표와 리스크 허용 수준을 고려하여 포트폴리오를 다양화하고 지속적으로 평가함으로써 금전적인 안정성을 높일 수 있습니다.

라. 신중한 소비 습관

금전적인 스트레스를 완화하는 네 번째 전략은 신중한 소비 습관을 가지는 것입니다. 신중한 검토와 고려 없이 소비하는 것은 금전적인 스트레스의 주요 원인 중 하나일 수 있습니다. 소비 전에 현명한 판단과 계획이 필요하며, 필요한 것과 원하는 것을 구분하여 현실적인 소비 습관을 기르는 것이 중요합니다. 지나친 소비로 인한 부채를 방지하고 금전적인 자유를 유지할 수 있습니다.

마. 채무 관리

금전적인 스트레스를 완화하기 위한 다섯 번째 전략은 채무 관리입니다. 명예퇴직 후에는 적절한 채무 관리가 금전적인 안정을 유지하는 핵심입니다. 높은 이자율을 가진 부채를 최소화하고, 채무 상황을 정확하게 파악하여 상환 계획을 세우는 것이 필요합니다. 적절한 채무 관리를 통해 금전적인 스트레스를 최소화하고 재정적인 건강을 유지할 수 있습니다.

바. 자산 관리와 상속 계획

금전적인 스트레스를 완화하기 위한 여섯 번째 전략은 자산 관리와 상속 계획을 신중하게 수립하는 것입니다. 명예퇴직 후에는 자산을 효과적으로 관리하여 재무적인 안정을 유지하는 것이 중요합니다. 또한, 가족을 위한 상속 계획을 세우는 것도 중요합니다. 이를 통해 자신의 금전적인 안정성뿐만 아니라 가족의 미래까지 고려할 수 있습니다.

사. 금융 교육과 전문가의 조언 활용

금전적인 스트레스를 완화하는 일곱 번째 전략은 금융 교육과 전문가의 조언을 적극적으로 활용하는 것입니다. 금융 시장의 동향을 파악하고, 개인의 금융 상황을 정확하게 이해하는 것은 필수입니다. 금융 전문가의 조언을 듣고, 지속적인 금융 교육을 통해 더 나은 금전적인 결정을 내릴 수 있습니다.

명예퇴직 후의 금전적인 안정은 신중한 계획과 전략을 통해 얻어집니다. 예산 수립과 관리, 비상금 구축, 적절한 투자 전략, 신중한 소비 습관, 채무 관리, 자산 관리와 상속 계획, 그리고 금융 교육과 전문가의 조언을 통해 명예퇴직 생활을 더욱 안정적으로 만들 수 있습니다. 이러한 전략들은 금전적인 스트레스를 최소화하고, 금융적인 안정성을 확보하여 명예퇴직 생활을 보다 풍요롭게 만들어 나갈 것입니다.

제4절. 명예퇴직 후의 재정 계획

명예퇴직은 더 나은 삶으로의 전환을 의미합니다. 그러나 명예퇴직 후의 안정된 재정 생활은 철저한 계획과 지혜로운 전략이 필요합니다. 이 절에서는 명예퇴직 후의 재정 계획에 중점을 두어 논리적이고 현실적인 전략을 살펴보겠습니다.

가. 목표 설정과 현실적인 평가

명예퇴직 후의 재정 계획은 목표 설정과 현실적인 평가에서 시작됩니다. 어떤 생활 수준을 유지하고자 하는지 명확히 설정하고, 현재의 재정 상태를 정확히 파악하여 필요한 조치를 취하는 것이 중요합니다. 목표를 설정하고 현실을 직시함으로써 명예퇴직 생활의 품질을 높일 수 있습니다.

나. 수입과 지출의 분석

명예퇴직 후의 재정 계획에서 수입과 지출의 균형은 핵심입니다. 정년 이후에는 임금 수입이 줄어들 수 있기 때문에 신중한 계획이 필요합니다. 수입과 지출을 상세하게 분석하고 조절함으로써 생활의 품질을 유지하면서도 재정적인 부담을 최소화할 수 있습니다. 또한, 금융 목표와 부동산, 투자 등을 고려하여 수입과 지출 계획을 조율하는 것이 필요합니다.

다. 세금 계획 및 혜택 활용

명예퇴직 후의 재정 계획에서는 세금 계획과 다양한 혜택의 활용이 중요한 역할을 합니다. 퇴직 수입, 투자 수익, 연금 등에 따른 세금 부담을 최소화하기 위해 효과적인 세금 전략을 수립하는 것이 필요합니다. 또한 정부의 다양한 퇴직자 혜택 및 세제 혜택을 적극적으로 활용하여 재정적인 부담을 덜어 낼 수 있습니다.

라. 재테크와 투자의 최적화

재정 계획에서 재테크와 투자는 핵심적인 부분입니다. 명예퇴직 후에도 자산을 효과적으로 운용하여 수익을 창출하는 것이 필요합니다. 안전한 투자와 성장 가능성 있는 투자를 조합하여 포트폴리오를 다양화하고, 금융 목표에 부합하는 전략을 선택하는 것이 중요합니다. 또한 퇴직 후에도 지속적인 투자 교육을 통해 금융 시장 동향을 파악하고 적시에 투자 전략을 조정하는 것이 필요합니다.

마. 건강 관리와 의료비 대비

재정 계획에서 건강은 빠질 수 없는 항목입니다. 명예퇴직 후에는 건강 관리와 의료비에 대한 대비가 필수적입니다. 건강에 투자하고 예방적인 의료 서비스를 활용함으로써 의료비 부담을 최소화할 수 있습니다. 또한 건강 보험과 장기요양 보험에 가입하여 의료비와 관련된 금전적인 스트레스를 덜어 낼 수 있습니다.

바. 유산 계획과 가족의 향후 지원

재정 계획에서 유산 계획은 미래를 위한 신중한 고려가 필요한 부분입니다. 명예퇴직 후에는 가족의 향후 지원을 위해 유산 계획을 세우는 것이 중요합니다. 유산 관리와 상속 계획을 통해 가족의 재정적인 안정성을 고려하고, 미래 세대에게 지속 가능한 자산을 남겨 주는 것이 목표입니다.

    명예퇴직 후의 재정 계획은 개인의 목표와 가치관, 현재의 재정 상태를 고려하여 신중하게 짜야 합니다. 목표 설정, 수입과 지출의 분석, 퇴직 계획의 재조명, 세금 계획 및 혜택 활용, 재테크와 투자의 최적화, 건강 관리와 의료비 대비 그리고 유산 계획과 가족의 향후 지원은 명예퇴직 후의 안정적인 재정 생활을 위한 필수적인 전략들입니다. 이러한 계획들을 통해 명예퇴직 생활을 즐기며 더 나은 미래를 향해 나아갈 수 있을 것입니다.

제5절. 명예퇴직 후의 생활비 관리 방법

명예퇴직은 한 시대를 마감하고 다른 여정을 시작하는 중요한 시점입니다. 이 새로운 단계에서 명예퇴직 후의 생활비 관리는 철저한 계획과 현명한 전략이 필요합니다. 이 절에서는 명예퇴직 후의 생활비를 효과적으로 관리하는 다양한 방법에 대해 다뤄 보겠습니다.

가. 예산 수립과 지속적인 관리

명예퇴직 후의 생활비 관리는 정확한 예산 수립과 그에 따른 지속적인 관리로 시작됩니다. 생활비를 고려한 현실적인 예산을 세우고, 필수 지출과 여유 지출을 명확히 구분하여 관리함으로써 재정의 투명성을 높일 수 있습니다. 정기적인 예산 검토를 통해 생활비의 변동에 신속하게 대응할 수 있도록 유지하는 것이 중요합니다. 예산 수립과 지속적인 관리는 명예퇴직 후의 재정 건강을 증진시키는 데 큰 역할을 합니다.

나. 생활비 우선순위 설정

생활비 관리에서 생활비의 우선순위를 설정하는 것은 핵심적입니다. 필수 지출 항목과 선택적인 지출 항목을 명확히 구분하고, 생활의 품질을 유지하기 위해 어떤 부분에 더 많은 비중을 둘 것인지 결정해야 합니다. 의료비, 식비, 주거비와 같은 필수 지출에 우선순위를 두고, 여가나 유흥비와 같은 선택적인 지출은 신중하게 검토하여 적절히 관리해야 합니다. 생활비의 우선순위 설정은 제한된 자원을 최적으로 활용하는 데 도움이 됩니다.

다. 라이프스타일의 조절

명예퇴직 후의 생활비 관리는 라이프스타일을 조절하는 것에서 시작됩니다. 라이프스타일은 지출의 주요 원천 중 하나이며, 명예퇴직 후에는 이를 조절하여 생활비를 효과적으로 관리할 수 있습니다. 불필요한 소비를 줄이고, 현명한 소비 습관을 기르는 것이 중요합니다. 라이프스타일의 조절은 새로운 환경에서도 안정적인 생활을 유지하는 데 필수적입니다. 명예퇴직 후의 라이프스타일은 새로운 가치와 우선순위를 반영하여 조절되어야 합니다.

라. 금융 목표와 투자 계획 수립

명예퇴직 후의 생활비 관리에는 금융 목표와 투자 계획의 수립이 큰 역할을 합니다. 명확한 금융 목표를 세우고, 이를 위한 투자 계획을 수립함으로써 재정적인 안정성을 확보할 수 있습니다. 퇴직 계획, 비상금 구축, 자산 운용 등을 고려하여 금융 목표를 설정하고, 이를 위한 투자 전략을 신중하게 계획하는 것이 중요합니다. 효과적인 투자 계획은 명예퇴직자가 금전적인 목표를 달성하는 데 도움이 됩니다.

마. 금융 상품 비교 및 최적화

명예퇴직 후의 생활비 관리에서는 금융 상품을 비교하고 최적화하는 것이 필요합니다. 은행 상품, 보험 상품, 투자 상품 등을 주기적으로 검토하고, 현재의 금융 상황에 맞게 최적의 상품으로 전환하는 것은 생활비를 효과적으로 관리하는 핵심입니다. 금융 상품 비교와 최적화는 불필요한 비용을 절감하고, 더 나은 금융 혜택을 얻을 수 있도록 도와줍니다.

바. 노령 연금 및 혜택 활용

명예퇴직 후의 생활비 관리에 있어서는 정부의 노령 연금 및 다양한 혜택을 적극적으로 활용하는 것이 중요합니다. 정부에서 제공하는 노령 연금, 건강 보험 혜택, 세제 혜택 등을 최대한 활용하여 생활비 부담을 덜어낼 수 있습니다. 노령 연금 및 혜택은 명예퇴직자가 안정된 경제적 기반을 확립하는 데 큰 도움을 줄 수 있습니다.

사. 금전적인 교육과 지속적인 업데이트

명예퇴직 후의 생활비 관리는 금전적인 교육과 지속적인 업데이트를 필요로 합니다. 금융 시장의 동향을 파악하고, 새로운 금융 상품 및 혜택에 대한 정보를 지속적으로 습득함으로써 최적의 금융 전략을 수립할 수 있습니다. 또한, 자주 업데이트되는 금융 목표와 투자 계획을 통해 명예퇴직 후의 금전적인 안정성을 유지할 수 있습니다. 금전적인 교육은 명예퇴직자가 금융 상식을 향상시키고 자신의 재정을 효과적으로 관리하는 데 도움이 됩니다.

명예퇴직 후의 생활비 관리는 철저한 계획과 지혜로운 선택을 통해 가능합니다. 예산 수립과 관리, 생활비 우선순위 설정, 라이프스타일의 조절, 금융 목표와 투자 계획 수립, 금융 상품 비교 및 최적화, 노령 연금 및 혜택 활용, 그리고 금전적인 교육과 지속적인 업데이트는 명예퇴직 후의 안정적인 생활비 관리를 위한 필수적인 전략들입니다. 이러한 방법들을 실천하면서 명예퇴직 생활을 풍요롭게 만들 수 있을 것입니다.

제6장

명예퇴직 행복학의 실천 전략

제1절. 명예퇴직 후의 건강 유지

명예퇴직은 오랜 세월을 바쳐 온 직업에서의 이별이자, 다가오는 노후에 대한 기대와 불안이 공존하는 순간입니다. 이러한 새로운 장에 발을 딛는 동안, 우리의 건강은 특히 중요한 관심사로 떠오릅니다. 명예퇴직 후의 건강 유지를 위한 몇 가지 핵심 전략을 다뤄 보겠습니다.

가. 운동의 필수성

명예퇴직은 쉼과 여유의 시기일 수 있지만, 운동에서 멀어지는 것은 피해야 합니다. 연구에 따르면 몸이 움직이는 것은 노화를 늦추고 심리적 안정감을 증진시킵니다. 정기적인 유산소 운동과 근력 훈련은 근육량을 유지하고 심혈관 기능을 향상시키는 데 도움이 됩니다. 걷기, 수영, 요가 등의 다양한 운동 활동을 통해 몸의 유연성과 균형을 유지하면서 건강한 몸을 유지할 수 있습니다.

나. 올바른 식습관의 중요성

명예퇴직은 식습관에 있어서도 새로운 시작의 시점입니다. 과도한 포화 지방과 당분을 피하며, 영양가 풍부한 다양한 음식을 채택하는 것이 중요합니다. 채소와 과일의 다양한 종류를 일상적으로 섭취하여 필수 영양소를 충분히 공급받는 것이 필요합니다. 높은 단백질과 적당한 수분 섭취 역시 건강을 유지하는 데 도움이 됩니다. 명예퇴직 이후에도 식생활에 지속적인 관심을 기울이면 건강한 노년을 더 즐길 수 있을 것입니다.

다. 규칙적인 건강 검진의 중요성

건강한 노년을 위해서는 규칙적인 건강 검진이 필수적입니다. 혈압, 혈당, 콜레스테롤 등의 생체 지표를 주기적으로 확인하면서 미리 문제를 감지하고 예방할 수 있습니다. 특히 명예퇴직 이후에는 신체 변화에 대한 주의가 더욱 필요하므로 의료 전문가의 조언을 듣고 건강을 체크하는 습관을 들이는 것이 중요합니다.

라. 스트레스 관리의 필요성

명예퇴직은 새로운 시작이지만, 이는 동시에 변화와 불안으로 가득한 시기일 수 있습니다. 이를 위해 스트레스 관리가 필요합니다. 명상, 피트니스, 예술 활동 등을 통해 심리적 안정을 찾고 긍정적인 마음가짐을 유지하는 것이 중요합니다. 가족과의 소통, 친구들과의 교류도 스트레스 해소에 큰 도움을 줄 수 있습니다.

마. 사회 참여의 중요성

명예퇴직 후에는 사회 참여가 더욱 중요해집니다. 지역 사회 활동이나 자원봉사는 자신의 능력을 살려 사회에 기여할 수 있는 훌륭한 방법입니다. 이를 통해 자아 존중감을 높이고 다양한 인연을 만들어 내어 새로운 삶의 재미를 찾을 수 있습니다.

명예퇴직 이후 건강을 유지하는 것은 신체뿐만 아니라 마음과 사회적 연결성에서도 출발합니다. 꾸준한 노력과 신중한 건강 관리를 통해 건강한 명예퇴직 생활을 즐기며, 풍요로운 노년을 맞이할 수 있을 것입니다. 건강한 신체와 마음으로, 우리는 명예퇴직을 통해 시작된 이 새로운 여정을 즐길 수 있을 것입니다.

제2절. 명예퇴직 후의 내면 평화

명예퇴직은 삶에서 한 장을 마감하고 다음 장에 어떤 내용을 담을지 고민하는 시점입니다. 이때 내면의 안정과 평화는 중요한 고려 요소가 됩니다. 명예퇴직 이후에 내면의 평화를 찾기 위한 명상과 정신적인 전략은 우리가 지나온 길을 돌아보며 새로운 여정을 시작하는 데 도움이 됩니다.

가. 명상의 심오한 효과

명상은 오랜 세월동안 심리적 안정과 정신적 평화를 찾기 위한 효과적인 방법으로 인정받고 있습니다. 명상은 단순히 몸과 마음의 휴식뿐만 아니라, 마음을 집중하고 심신의 안정을 찾을 수 있는 훌륭한 수단입니다. 숨을 깊게 들이마시고 내쉬며 현재의 순간에 집중함으로써 스트레스를 해소하고 마음의 평정을 되찾을 수 있습니다. 명예퇴직 후에는 새로운 환경에 대한 적응과 자기 성찰을 통해 명상을 통해 내면의 평화를 찾는 것이 중요합니다.

나. 창의성을 자극하는 예술 활동

명예퇴직은 창의성을 깨우치고 새로운 측면에서 자기 자신을 발견하는 좋은 계기입니다. 그림 그리기, 글쓰기, 음악 연주 등 다양한 예술 활동은 개인의 감성과 창의성을 향상시키면서 동시에 정신적인 안정을 가져다줄 수 있습니다. 이를 통해 자아를 표현하고 새로운 가능성을 탐험하는 동안 내면의 안정을 찾을 수 있습니다.

다. 계속되는 자기 계발과 학습

명예퇴직은 단순한 쉼과 휴식뿐만 아니라 계속되는 자기 계발과 학습을 위한 소중한 시간입니다. 새로운 분야를 학습하거나 관심을 가진 주제에 대해 깊게 파고들면서 새로운 지식과 기술을 습득하는 것은 마음의 젊음을 유지하고 내면의 안정을 도모하는 데에 큰 도움이 됩니다. 온라인 강의, 책 읽기, 신기술 사용법 익히기 등을 통해 명예퇴직 후에도 지적인 호기심을 유지하고 성장하는 즐거움을 경험할 수 있습니다.

라. 자연과 조화를 이루는 소통

자연과의 소통은 명예퇴직 후 내면의 안정을 찾는 과정에서 특히 중요합니다. 산책, 정원 가꾸기, 자연 속에서 시간을 보내는 것은 생태적 안정감을 높이면서 동시에 정신적인 안정을 가져다줍니다. 자연은 변하지 않는 안정된 존재이며, 그 안에서 조용한 순간을 보내면서 마음을 정화하고 내면의 평화를 찾을 수 있습니다.

마. 정기적인 소통과 사회 활동의 필요성

명예퇴직 후에는 혼자서만 시간을 보내는 것이 아니라 정기적인 소통과 사회 활동이 중요합니다. 가족과의 소통, 친구들과의 만남, 지역 사회 활동은 외로움을 방지하면서 동시에 다양한 사람들과 소통하고 새로운 관계를 형성하는 기회를 제공합니다. 명예퇴직 이후에도 사회적 연결성을 유지하면서 내면의 안정을 찾을 수 있습니다.

명예퇴직은 일종의 재탄생의 순간이자 내면의 평화를 찾기 위한 기회입니다. 명상, 창의적인 예술 활동, 계속되는 자기 계발, 자연과의 소통, 정기적인 소통과 사회 활동은 이 중요한 시기를 보다 의미 있게, 안정되게 보낼 수 있도록 도와줍니다. 명예퇴직 이후에도 새로운 경험을 추구하며 내면의 평화를 찾아가는 여정에서 지속적인 성장과 만족을 느낄 수 있을 것입니다.

제3절. 행복한 삶을 위한 긍정적 마인드셋

명예퇴직은 우리 삶의 새로운 장을 열며, 이 과정에서 긍정적인 마인드셋은 더 나은 행복과 만족을 찾는 핵심 도구가 됩니다. 이 절에서는 명예퇴직 이후의 삶에서 긍정적인 마인드셋을 구축하고 유지하는 전략을 살펴보겠습니다.

가. 도전의 기회로서의 긍정적 마인드셋

명예퇴직 이후의 미래는 미지의 도전과 기회로 가득 차 있습니다. 이 변화에 긍정적으로 대처하면, 어려움을 극복하고 성장할 수 있는 기회로 바꿀 수 있습니다. 도전이 특히 성장과 배움의 계기로 인식되면, 명예퇴직 생활은 더욱 풍성하고 의미 있는 것으로 느껴질 것입니다. 미래에 대한 긍정적인 기대와 자세는 명예퇴직 이후의 여정을 풍요롭게 만듭니다.

나. 과거의 성과를 인정하고 칭찬하기

긍정적 마인드셋은 자신의 과거 성과를 정확하게 인지하고 칭찬하는 것에서 출발합니다. 명예퇴직은 삶의 여정에서의 성공과 경험을 인정하고 존중하는 시간입니다. 자주 자신의 성과에 대한 회고를 통해 자신을 칭찬하고 긍정적인 자아 이미지를 유지하는 것은 명예퇴직 후의 새로운 삶을 건강하게 시작하는 데에 중요한 역할을 합니다.

다. 긍정적 사고의 중요성

긍정적 마인드셋은 어려운 상황에서도 긍정적인 사고를 유지하는 것에서 비롯됩니다. 명예퇴직 후에는 생활의 변화와 적응이 필요하지만, 긍정적 사고는 문제를 도전으로 바라보고 창의적이고 효과적인 해결책을 찾는 데 도움을 줍니다. 어떠한 문제도 긍정적인 면을 찾아내고, 그것을 활용하여 문제에 대한 최상의 해결책을 찾는 자세는 행복한 명예퇴직을 만들기 위한 필수적인 역량입니다.

라. 새로운 관계 형성과 소통의 중요성

긍정적 마인드셋은 새로운 관계 형성과 소통에도 큰 도움을 줍니다. 명예퇴직 이후에는 새로운 사람들과의 만남이 늘어나고, 긍정적 마인드셋은 다양한 인연을 환영하며 소통의 장을 넓히는 데 도움을 줍니다. 긍정적으로 상대방을 바라보고 존중하는 태도는 새로운 사람들과의 관계에서 긍정적인 경험을 만들어 내는 데 기여합니다.

마. 가능성과 희망에 대한 믿음

긍정적 마인드셋은 가능성과 희망에 대한 믿음을 키웁니다. 명예퇴직 이후에도 여전히 목표를 가지고 새로운 꿈을 키우는 것이 중요합니다. 긍정적 마인드셋은 미래에 대한 희망을 기반으로 하여 목표를 향해 나아가고, 삶을 더욱 긍정적으로 인식하며 행복한 명예퇴직을 만들어 낼 수 있습니다.

바. 자기 성장을 위한 노력

긍정적 마인드셋은 자기 성장을 위한 끊임없는 노력을 함축합니다. 명예퇴직 이후에도 자기 계발에 힘쓰며 새로운 기술을 익히고 지식을 확장하는 것은 긍정적 마인드셋을 키우는 데에 큰 도움이 됩니다. 새로운 것을 배우고 개발하며 노후를 새롭게 채워 가면서 내면의 풍요로움을 찾을 수 있습니다.

사. 주관적 행복과 공감 능력 강화

긍정적 마인드셋은 주관적 행복과 공감 능력을 강화합니다. 명예퇴직 이후에는 자신이 무엇에 만족하며 행복을 느끼는지를 정확히 이해하고, 주변의 사람들과의 관계에서 공감 능력을 키우는 것이 중요합니다. 긍정적 마인드셋은 주변의 긍정적 에너지를 받아들이고 주관적 행복을 찾아내는 데에 도움을 줍니다.

명예퇴직 이후에도 긍정적인 마인드셋을 유지하면, 어려움에 대처하고 삶을 긍정적으로 인식하는 힘을 얻을 수 있습니다. 도전을 기회로 바라보고, 자신의 과거 성과를 인정하며 칭찬하고, 긍정적 사고를 유지하고, 새로운 관계와 소통을 활성화하며, 가능성과 희망에 기대하며, 자기 성장을 위한 노력을 게을리하지 않으면, 행복한 명예퇴직은 더욱 가까워질 것입니다.

제4절. 명예퇴직 이후의 생활 방식 조절

명예퇴직은 삶의 새로운 장을 열면서, 이를 효과적으로 관리하고 행복한 명예퇴직을 만들기 위해서는 생활 방식의 조절이 필수적입니다. 이 절에서는 명예퇴직 이후의 생활 방식을 조절하는 데에 필요한 전략들에 대해 더욱 논리적이고 실질적으로 탐구해 보겠습니다.

가. 신체 활동과 건강의 유지

명예퇴직 이후에는 새로운 시작이라는 도전에 직면하게 됩니다. 이때, 몸과 마음의 건강을 유지하는 것은 무엇보다도 중요합니다. 명예퇴직은 여유롭고 즐거운 순간을 누리기 위한 것이지만, 신체적 건강은 이를 누리기 위한 기반입니다. 정기적인 운동 습관을 통해 건강을 유지하고, 산책이나 요가와 같은 활동을 통해 몸과 마음을 활기차게 유지하는 것이 명예퇴직 생활의 활기를 불어넣을 것입니다.

나. 시간 관리의 중요성

명예퇴직 이후에는 자유로워진 시간을 효과적으로 활용하는 것이 중요합니다. 시간 관리는 자유로워진 시간을 즐기기 위해 필수적인 요소 중 하나입니다. 계획적이고 목표지향적인 시간 관리는 일상의 흐름을 유지하고, 개인적인 취미나 가족과의 소중한 시간을 더욱 풍부하게 만듭니다. 명예퇴직 후에도 삶의 방향을 명확히 설정하고 이를 효과적으로 추진하는 데에 시간 관리는 큰 역할을 합니다.

다. 금전적인 계획 수립

명예퇴직은 금전적인 안정을 갖추는 것도 고려해야 하는 중요한 시기입니다. 퇴직 전에 금전적인 계획을 신중하게 수립하고, 생활비 및 여가활동에 필요한 자금을 충분히 확보하는 것이 필요합니다. 명예퇴직 이후에도 안정된 경제적 기반을 갖추기 위해 예산을 세우고 적절한 투자 방향을 찾아가는 것이 중요합니다.

라. 사회 참여와 자원봉사

명예퇴직 이후의 생활은 자신의 경험과 능력을 활용하여 사회에 기여하는 것도 고려할 만합니다. 지역 사회에서 자원봉사활동에 참여하거나, 자신의 전문지식을 활용하여 도움을 주는 것뿐만 아니라, 새로운 친구들과의 만남의 장이 될 수 있습니다. 사회 참여를 통해 더욱 윤택한 명예퇴직 생활을 만들어 낼 수 있습니다.

마. 새로운 취미와 관심사 개발

명예퇴직 이후의 시간은 자신을 발견하고 새로운 취미나 관심사를 개발하기에 이상적인 시기입니다. 이때 새로운 도전은 명예퇴직 생활에 새로운 의미와 즐거움을 불어넣을 것입니다. 미술, 음악, 문학 등의 분야에서 자신의 잠재된 재능을 발견하면서, 명예퇴직을 더욱 풍요롭게 만들 수 있습니다.

바. 가족과의 소통 강화

명예퇴직은 가족과의 소중한 시간을 더욱 강화하는 좋은 기회입니다.

가족 구성원들과 소통을 강화하고, 서로에게 더 가까워질 수 있는 시간을 가짐으로써 명예퇴직 이후의 생활을 더욱 풍요롭게 만들 수 있습니다. 가족과 함께하는 여행이나 활동을 통해 새로운 경험을 쌓으면서, 가족 간의 유대감을 높일 수 있습니다.

사. 심리적인 안정을 위한 관리

명예퇴직 이후의 생활에서는 심리적인 안정을 유지하는 것이 매우 중요합니다. 변화에 대한 대처와 적응이 필요하며, 때로는 새로운 목표와 의미를 찾는 과정에서 어려움을 겪을 수 있습니다. 이때 전문가의 도움이나 정기적인 심리 상담은 명예퇴직 생활을 보다 안정적으로 관리하는 데에 도움을 줄 수 있습니다.

명예퇴직은 한 장의 책을 닫고, 다른 장을 펼치는 중요한 순간입니다. 이를 효과적으로 관리하고 행복한 명예퇴직을 만들기 위해서는 건강한 삶을 위한 습관, 적절한 시간 관리, 금전적인 안정, 사회 참여, 가족과의 소통, 새로운 취미 개발, 심리적인 안정 등의 다양한 측면에서 생활 방식을 조절하는 것이 필요합니다. 이러한 노력은 명예퇴직을 보다 의미 있고 풍요로운 경험으로 만들어 줄 것입니다. 명예퇴직 생활은 한 장의 책을 마무리하고, 그다음 장을 기대하며 자신만의 이야기를 더해 나가는 여정의 시작입니다.

제5절. 성공적인 명예퇴직을 위한 지속적인 노력

명예퇴직은 우리 삶에서 큰 전환점 중 하나로, 새로운 시작을 의미합니다. 그러나 성공적인 명예퇴직은 단순한 휴식이 아닌, 지속적인 노력과 준비를 필요로 합니다. 이 절에서는 명예퇴직 후의 삶에서 성공과 만족을 찾기 위한 노력과 전략에 대해 조명하고자 합니다.

가. 자기 계발의 중요성

명예퇴직은 어떤 면에서는 두려움과 불확실성을 동반한 새로운 시점입니다. 이 때문에 자기 계발은 명예퇴직 생활에서 지속적이고 핵심적인 부분입니다. 지적 호기심을 유지하고, 새로운 기술이나 지식을 습득하는 데에 노력을 기울이면, 명예퇴직 생활이 지루하지 않을뿐더러 더욱 풍요로워집니다.

나. 사회 참여와 관계 형성

성공적인 명예퇴직은 고립되지 않고 다양한 사람들과 소통하며 삶을 즐길 수 있는 능력과 의지를 필요로 합니다. 지역 사회의 활동이나 새로운 모임에 참여하면서 사회적 네트워크를 확장하고 새로운 관계를 형성하는 것은 명예퇴직 생활을 더욱 풍성하게 만들어 줄 것입니다.

다. 적응과 유연성의 발휘

명예퇴직은 생활의 다양한 측면에서 변화를 초래합니다. 새로운 일상, 사회적인 활동 혹은 취미 등에 대한 적응력과 유연성을 발휘하면, 명예퇴직 생활을 보다 조화롭게 만들 수 있습니다. 예기치 못한 상황에 대처하고 조정하는 능력은 성공적인 명예퇴직을 위해 필수적입니다.

라. 재정적인 계획 수립

재정적인 부분에서의 불안은 명예퇴직 생활을 어렵게 만들 수 있습니다. 명예퇴직 전에 신중한 재정 계획을 세우고, 적절한 투자와 지출 관리를 통해 안정성을 확보하는 것이 중요합니다. 재정적인 안정은 명예퇴직 생활의 핵심적인 부분 중 하나로 여겨져야 합니다.

마. 건강 관리의 지속

건강은 명예퇴직 후의 삶에서 가장 소중한 자산 중 하나입니다. 정기적인 건강 검진과 식습관의 유지, 꾸준한 운동은 몸과 마음의 건강을 유지하는 데에 큰 역할을 합니다. 명예퇴직을 즐기기 위해서는 건강한 상태를 유지하는 것이 중요하며, 이는 명예퇴직 생활을 더욱 풍요롭게 만들어 줄 것입니다.

바. 목표와 계획의 수립

성공적인 명예퇴직을 위해서는 명확한 목표와 그에 따른 계획이 필요합니다. 자신이 원하는 명예퇴직 생활의 모습을 명확히 정의하고, 그에 따른 실질적인 계획을 세우는 것은 명예퇴직 후에 높아지는 자유로움을 최대한 활용하는 방법 중 하나입니다.

사. 정서적 안정을 위한 자기 이해

명예퇴직은 자기와의 심층적인 소통이 필요한 시기입니다. 명확한 목표와 기대치를 설정하고, 자신의 감정과 욕구를 이해하는 것은 성공적인 명예퇴직을 위해 매우 중요합니다. 때로는 전문가와의 상담을 통해 정서적인 안정을 찾아가는 것도 도움이 될 수 있습니다.

아. 새로운 경험과 도전

명예퇴직 생활에서 새로운 경험과 도전은 새로운 가능성을 여는 열쇠입니다. 새로운 취미나 활동을 시작하거나, 이전에 시도하지 않았던 것에 도전함으로써 명예퇴직을 보다 풍요롭게 만들 수 있습니다. 새로운 경험은 자아를 발견하고 명예퇴직 생활을 보다 의미 있게 만들어 줄 것입니다.

자. 가족과의 소통 강화

가족과의 소통은 명예퇴직 생활에서 중요한 측면입니다. 가족 구성원들과의 소통을 강화하고, 서로에게 더 가까워지는 시간을 갖는 것은 명예퇴직 이후의 일상을 더욱 풍요롭게 만들어 줄 것입니다. 가족은 명예퇴직 생활에서의 지지와 행복의 원천이 될 수 있습니다.

차. 긍정적 마인드셋의 유지

긍정적인 마인드셋은 명예퇴직 후의 여정을 좌우할 수 있는 중요한 요소입니다. 새로운 시작에 대한 긍정적인 태도는 어려움을 극복하고 더 나은 명예퇴직 생활을 만들어 갈 수 있도록 도와줍니다. 즐거움을 찾고 긍정적인 마음가짐을 유지하는 것은 명예퇴직 생활을 보다 만족스럽게 만들어 줄 것입니다.

성공적인 명예퇴직은 지속적인 노력과 준비를 필요로 합니다. 자기 계발, 사회 참여, 적응과 유연성, 재정적 안정, 건강 관리, 목표와 계획의 수립, 정서적 안정, 새로운 경험과 도전, 가족과의 소통 강화, 그리고 긍정적 마인드셋의 유지는 성공적인 명예퇴직을 향한 필수적인 요소들입니다. 이러한 노력과 준비를 통해 명예퇴직 생활을 보다 풍요롭게, 의미 있게 만들어 나갈 수 있을 것입니다. 새로운 문이 열리면서, 명예퇴직은 끊임없는 새로운 가능성과 도전의 시작일 것입니다.

제2부

명예퇴직 행복학 실천가들의 이야기 (에세이)

제1장

명예퇴직을 통해 찾는 진정한 가치

한국의 교육계를 빛낸 교사, 김지영 님은 30년간의 헌신적인 교육 생활을 마치고 명예퇴직을 결심했습니다. 그동안의 여정을 돌아보며, 그녀의 명예퇴직을 통해 찾은 새로운 인생의 의미와 가치에 대한 이야기입니다.

30년간 교실에서 학생들을 가르치며 보낸 시간은 김지영 님에게 풍부한 경험과 소중한 추억들을 선물했다. 그러나 명예퇴직을 결심하기 전, 그녀는 자신의 내면에 깊게 새겨진 소리에 귀를 기울였다. 이 소리는 그녀에게 이제는 다른 곳에서 새로운 꿈을 키우고 경험을 쌓아 나갈 때가 되었다고 말해 주고 있었다. 그녀는 그 소리에 마음을 열어 명예퇴직을 결심하게 되었다.

명예퇴직 후, 김지영 님은 교육의 현장을 떠나 다양한 봉사활동에 참여하며 가족과 뜻깊은 시간을 보내고 있다. 이제는 각양각색의 이웃들을 위해 힘을 모으고, 지역 사회에 기여함으로써 자신의 행복을 찾고 있다. 특히, 가족과의 소중한 순간은 그녀에게 큰 행복의 원천이 되어 주고 있다. 명예퇴직을 통해 찾은 이 시간은 그동안 소홀했던 가족과의 소통을 가능케 하며, 그녀의 인생에 새로운 희망의 불씨를 불어넣고 있다.

김지영 님의 명예퇴직 이후의 삶은 단순히 휴식을 취하는 것이 아니라, 새로운 꿈을 찾아 나선다. 그녀는 명예퇴직을 통해 쌓아 온 경험과 역량을 살려, 예술 분야에서의 도전에 나서고 있다. 새로운 분야에서의 학습과 도전은 그녀에게 미지의 영역에서도 계속해서 성장할 수 있는 기회를 제공하고 있다. 명예퇴직 이후, 그녀의 삶은 지루함과 안일함을 벗어던지고 끊임없는 도전을 통해 더 큰 의미를 부여받고 있다.

이제 김지영 님은 자신만의 도전과 성장을 통해 찾은 진정한 가치를 삶에 녹여 내고 있다. 명예퇴직을 통해 찾은 새로운 꿈과 목표는 그녀에게 행복과 만족감을 선사하며, 그 힘은 주변 사람들에게도 긍정적인 에너지를 전파하고 있다. 그녀의 이야기는 명예퇴직을 통해 자신의 내면과 소통하며, 뜻깊고 가치 있는 인생을 살아가고자 하는 이들에게 큰 용기를 전해 주고 있다.

김지영 님의 명예퇴직 이후의 이야기는 단순한 휴식이 아닌, 내면과 소통하며 찾은 진정한 가치와 목표에 대한 탐구로 가득 차 있다. 그녀의 삶은 명예퇴직을 통한 새로운 도전과 성장의 연속이며, 그것이 그녀에게 행복과 만족을 선사하고 있다. 그동안 쌓아 온 경험과 지혜를 살려, 김지영 님은 명예퇴직 이후에도 여전히 새로운 가치를 찾아 끊임없이 나아가고 있다.

제2장

새로운 목표: 명예퇴직 후의 비전 구체화

박승현 님은 25년간의 헌신적인 교육 생활을 거듭한 끝에 명예퇴직을 결심했습니다. 새로운 인생의 장이 펼쳐질 시점에서, 그는 명예퇴직 후의 비전을 뚜렷하게 그리고 적극적으로 실천하는 모습이 감동과 감회를 안겨 주고 있습니다.

25년 동안 수많은 학생들에게 지혜와 사랑을 전해 온 박승현 님은 이제는 다른 길을 걷기로 했다. 그리고 명예퇴직 이후, 가족과의 소중한 시간을 중시하며 봉사활동과 함께 자신만의 가치 있는 인생을 살아가고 있다.

가족을 중심으로 행복한 삶을 찾아가는 여정에서, 박승현 님은 명예퇴직 후의 비전을 구체화하기 시작했다. 그는 평소 품고 있던 꿈과 목표를 찾아가기 위해 다양한 분야에서 적극적으로 도전하고 있다. 특히, 예술과 문화 활동에 더욱 깊은 관심을 기울이며, 자신의 역량을 발전시키고 새로운 분야에서의 도전을 통해 성장하고 있다.

봉사활동을 통해 그는 지역 사회에 기여하면서 새로운 인연도 만들어 가고 있다. 가족과 함께하는 봉사는 그에게 큰 보람과 행복을 주고,

명예퇴직 이후의 박승현 님은 이전과는 다른 삶의 풍요로움과 희열을 경험하고 있다.

새로운 목표를 향해 나아가는 여정에서, 그는 계속해서 자기 계발에 힘쓰고 있다. 독서와 학습을 통해 새로운 지식과 통찰력을 쌓아 가면서, 명예퇴직 후에도 끊임없는 성장을 추구하고 있다. 그는 이러한 노력을 통해 자신만의 독특한 가치를 찾아내고, 주변 사람들에게 영감을 주고 있다.

박승현 님의 명예퇴직 후 이야기는 단순한 휴식이 아닌, 꿈과 목표를 찾아 나아가며 자기 계발과 가치 창출에 힘쓰는 이들에게 큰 용기와 도전의 의미를 전하고 있다. 명예퇴직 이후, 그는 가족과의 소중한 시간을 보내며, 동시에 자기 자신을 발전시키는 여정을 걸어가고 있다. 그의 이야기는 명예퇴직을 기회로 삶을 더욱 풍요롭게 만들어 가는 과정에서 찾은 진정한 행복의 길을 보여 주고 있다.

제3장

마음의 정화: 명예퇴직을 통한 감정적인 정리

지방직 공무원 출신, 이가영 님은 32년이라는 긴 근무 생활을 마무리하고 명예퇴직을 선택했습니다. 그녀의 이야기는 명예퇴직을 통해 찾은 감정적인 정리와 새로운 마음의 시작에 대한 진솔한 이야기입니다.

"이제는 나를 위한 시간이다." 이가영 님은 명예퇴직을 결정한 순간, 가슴 깊이 그린다. 그리고 그녀는 모든 것을 놓아 두기로 마음먹었다. 업무에 대한 책임, 팀원들과의 협업, 그리고 평생을 바쳐 온 직장에서의 정체성, 그 모든 것을. 명예퇴직의 결정은 쉽지 않았다. 그러나 그녀는 미래의 새로운 가능성을 위해 그 험난한 문턱을 넘기로 했다.

처음 명예퇴직을 고려할 때, 이가영 님은 감정적인 미로에 빠진 듯한 기분이었다. '이 일을 떠나면 나는 누구일까?'라는 두려움과 함께 자아 정체성을 찾는 과정이 필요했다. 그녀는 이를 위해 명예퇴직 전에 찾아 둔 멘토와 상담을 통해 마음의 정리를 시작했다.

명예퇴직 후, 이가영 님은 자연의 아름다움을 즐기며 시간을 보내고, 햇볕 가득한 하늘 아래 산책을 즐기며 일상의 흐름에 조용히 참여했다. 자연과 함께하는 시간은 그녀의 감정을 정화시키고, 과거의 업무 스트레스에서 벗어나는 데 큰 도움이 되었다.

봉사활동 또한 그녀의 감정적인 정리에 큰 역할을 했다. 지역 사회에 기여하는 봉사활동은 그녀에게 자신의 가치와 능력을 확인하는 계기가 되었다. 사람들과 소통하고 도움이 필요한 이들에게 손을 내밀면서, 그녀는 새로운 사회적 의미와 연결을 찾아 나갔다.

이가영 님은 명예퇴직을 통해 자신의 감정적인 정리를 완성하며, 새로운 삶의 발걸음을 내딛고 있다. 명예퇴직은 그녀에게 불안과 고민을 안겨 줬지만, 그로부터 얻은 자유와 여유는 그 어떤 것과도 바꿀 수 없는 행복과 만족으로 이어지고 있다.

이가영 님의 이야기는 명예퇴직을 고민하는 이들에게 자신의 내면을 돌아보고, 새로운 시작을 두려워하지 않고 받아들이라는 메시지를 전한다. 명예퇴직은 삶의 한 장면일 뿐, 그 뒤에는 풍요로운 여정이 펼쳐져 있음을 그녀의 경험을 통해 알 수 있다. 이제 그녀는 미지의 길에 발걸음을 옮기며, 명예퇴직을 통한 행복학을 실천하고 있는 주인공으로 거듭나 가고 있다.

제4장

더 나은 삶을 위한 물질적인 간소화

김영희 님은 28년이라는 시간 동안 국가에 헌신한 후 명예퇴직을 결심했습니다. 그녀의 이야기는 명예퇴직을 통해 찾은 마음의 정화와 감정적인 정리를 통해 얻은 인생의 진정한 풍요로움에 대한 따뜻하고 감동적인 순간들입니다.

명예퇴직을 앞두고, 그녀는 자신의 직장 생활과 가족, 그리고 자아에 대한 감정적인 회고를 시작했다. "이제는 나 자신을 돌아보고 마음속의 정리를 해야 할 때"라고 그녀는 말했다. 김영희 님은 명예퇴직을 통한 이 출발을 마음속의 잡음들을 깨끗이 치우는 여정으로 여기며, 새로운 삶을 시작하려는 다짐을 했다.

명예퇴직 이전, 김영희 님은 자신의 감정과 솔직하게 대화하며 자신의 가치와 욕구를 다시금 확인하는 시간을 갖게 되었다. 직장에서의 업적이나 사회적 평가에만 의존한 삶에서 벗어나, 그녀 자신이 진정으로 원하는 것이 무엇인지에 대해 깊이 생각하게 되었다.

명예퇴직을 앞두고, 그녀는 마음속의 감정을 정리하고 싶어지면서 명상과 같은 심리적인 힐링에 시간을 할애하기 시작했다. "내 마음의 소리를 듣고 정화하는 것이 중요하다"는 김영희 님의 인생철학은 이제 명예퇴직을 통해 새로운 단계로 나아가고자 하는 그녀에게 큰 힘이 되고 있다.

명예퇴직 후, 김영희 님은 가족과의 소중한 순간을 보내며 자신의 감정에 더욱 민감해지게 되었다. 사회에서의 업적이 아닌 가족과의 소중한 순간을 통해 삶의 진정한 가치에 대한 깊은 깨달음을 얻게 되었다. "가족이란 무엇인지를 깨닫게 되었어요. 정말 소중하다는 걸 느꼈어요." 그녀는 말했다.

김영희 님은 이제는 명예퇴직을 통해 찾은 감정적인 안정과 정리를 기반으로 더 나은 삶을 위한 물질적 정리 정돈에도 주목하게 되었다. 소유물에 과한 의존에서 벗어나 물질적인 간소화를 통해 진정한 풍요로움을 찾아가고 있다.

명예퇴직을 통해 찾은 정신적인 안식처에서, 그녀는 건강한 삶을 찾아가고 있다. 새로운 취미와 열정을 발견하면서 건강한 식습관과 운동을 통해 몸과 마음의 균형을 유지하고 있다.

김영희 님의 명예퇴직 이후의 이야기는 우리에게 새로운 도전과 성장, 그리고 가족과의 소중한 시간에 대한 영감을 안겨 주고 있다. 그녀의 경험은 명예퇴직이 새로운 시작이 될 수 있음을 증명하며, 우리에게 자아를 찾아가고 더 나은 인생을 살아가는 용기를 심어 주고 있다.

제5장

새로운 발견: 명예퇴직을 통한 자아 탐험

대기업에서 30년이 넘는 시간 동안 고된 업무를 성실히 수행한 이순옥 님은 명예퇴직의 문을 열었습니다. 그녀의 이야기는 명예퇴직을 통한 자아 탐험과 새로운 나를 발견하는 여정으로 가득 차 있습니다.

명예퇴직 이전, 이순옥 님은 회사에서의 업적에 급급한 삶을 살아왔었다. 그러나 명예퇴직의 결심을 하게 되면서 그녀는 자아에 대한 진지한 탐험을 시작했다. "이제 나에게 시간을 주자"는 마음가짐으로 자신의 가치관과 소망, 그리고 숨겨진 열정을 찾아가려고 노력했다.

자아 탐험의 여정에서 이순옥 님은 예전에는 소홀했던 자기 자신과의 소통을 시작했다. 명예퇴직을 통해 자유로워진 시간을 활용해 다양한 활동에 도전하며, 자신의 감정과 욕구에 귀 기울이기 시작했다. 그 결과, 그녀는 자아에 대한 더욱 깊은 이해와 자존감의 증진을 경험하게 되었다.

이순옥 님의 명예퇴직 후 첫해는 새로운 도전의 해였다. 예전에는 상상할 수 없었던 분야에 발을 들이며, 자신의 잠재력을 최대한 발휘하고자 했다. 그녀는 봉사활동, 예술, 운동, 학문 등 다양한 분야에서 새로운 나를 찾아가려는 모습을 보이며 명예퇴직을 통한 인생의 황금기를 만끽하고 있다.

새로운 나를 발견하는 여정에서, 그녀는 주변의 지지와 동기 부여를 받으며 더욱 적극적으로 나아가고 있다. 가족과 친구, 더불어 동료들과의 소통을 통해 자아 탐험의 성과를 공유하고 고백하는 것이 그녀에게 큰 힘이 되었다.

이순옥 님은 명예퇴직 후에도 항상 새로운 도전을 모색하고 있다. 끊임없는 자기 계발을 통해 인생의 다음 챕터를 준비하고 있으며, 그 과정에서 찾아낸 자아의 풍요로움을 주변과 나누며 더 큰 의미를 찾아가고 있다.

이순옥 님의 명예퇴직 후 이야기는 우리에게 자아를 찾아가고, 내면의 소리에 귀 기울이며 새로운 나를 발견하는 과정에서 찾아오는 성취감과 만족감에 대한 영감을 전하고 있다. 명예퇴직은 그녀에게 자유와 새로운 도전의 기회를 제공했고, 그 결과 자아에 대한 깊은 인사이트를 얻게 되었다.

제6장

취미와 열정: 명예퇴직 후의 자기 발견

대기업에서 27년이 넘는 시간 동안 길게 근무한 이정훈 님은 명예퇴직을 맞이한 이후, 자신만의 특별한 여정을 찾아 나섰습니다. 그의 이야기는 명예퇴직 후에도 여전히 열정과 새로운 도전으로 가득한 풍요로운 삶을 찾아가는 여정입니다.

이제 50대 후반에 접어든 이정훈 님은 명예퇴직 이후에도 정년이라는 제한에서 해방되어 자유롭게 자아를 발견할 수 있는 기회를 갖게 되었다. 명예퇴직 후 처음에는 시간의 흐름이 어떻게 가야 할지 막막함을 느꼈지만, 그는 자신만의 새로운 취미와 열정을 찾아가기 시작했다.

그의 첫 번째 발걸음은 예전에 꿈꾸었던 피아노 연주였다. 긴 업무 생활 동안 쌓인 스트레스와 지침을 피아노 소리를 통해 해소하면서, 그는 예전의 꿈을 이루는 즐거움을 발견했다. 자유롭게 피아노를 다루며 그가 갖고 있던 창의성과 예술적 감각이 다시 살아났다.

뿐만 아니라, 이정훈 님은 사진 찍기에도 열정을 쏟았다. 명예퇴직 후에는 세계 각지의 아름다운 풍경을 담아내는 여행을 즐기며, 그 과정에서 다양한 문화와 사람들을 만났다. 이를 통해 그는 자신의 세계를 확장하고 새로운 지식과 경험을 얻고 있다.

봉사활동 또한 이정훈 님에게 큰 의미를 부여했다. 지역 사회에서 다양한 봉사활동에 참여하면서, 그는 자신의 경험과 능력을 활용하여 타인에게 도움을 주는 것이 얼마나 소중한 일인지 깨닫게 되었다. 특히, 어린이들과 함께하는 봉사활동은 그에게 더 큰 의미를 부여했다. 이렇게 새로운 취미와 열정을 찾아가면서, 그는 명예퇴직 후의 자아를 발견하고 있다.

이정훈 님의 이야기는 명예퇴직이라는 새로운 시작이 자신의 삶에 활력을 불어넣어 줄 수 있다는 희망적인 메시지를 전달하고 있다. 명예퇴직 후에도 여전히 가치 있는 순간들을 찾아가는 그의 인생 여정은 우리에게 새로운 도전과 발견의 중요성을 상기시켜 주고 있다.

제7장

명예퇴직을 통한 가족 유대의 강화

박지연 님은 지방직 공무원으로 25년간의 길고도 바쁜 업무 생활을 뒤로하고 명예퇴직을 결심했습니다. 이제 그녀는 이전과는 다른 모습으로 가족과의 소중한 시간을 만끽하며 행복한 노후를 맞이하고 있습니다.

명예퇴직을 결심한 계기는 몇 가지 복합적인 이유에서 비롯되었다. 그녀는 오랜 기간 동안 공무원으로 근무하면서 고된 업무와 스트레스로 가득 찬 일상에 지쳐 가고 있었다. 또한 가족과의 소중한 순간을 놓치고 있다는 후회와 함께, 새로운 도전에 나서고 싶은 욕망이 크게 자라고 있었다.

명예퇴직 후, 박지연 님은 가족과의 소중한 시간을 더욱 중시하기 시작했다. 그녀는 예전에는 바쁜 업무로 인해 소홀했던 가족과의 소통을 명예퇴직 이후에는 진지하게 생각하게 되었다. 가족들과의 대화, 함께 하는 여가 시간, 소소한 가족 소풍은 명예퇴직 이후 그녀에게 큰 행복의 원천이 되었다.

가족과의 소중한 시간을 통해 봉사활동을 시작한 그녀는 가족들과 함께 지역 사회 봉사활동에 참여하면서 소중한 가족 시간을 봉사의 의미 있는 시간으로 나누고 있다. 이를 통해 그녀의 삶은 더욱 풍요로워지고, 가족 간의 유대가 더욱 깊어져 갔다.

봉사활동은 그녀에게 가족만큼이나 큰 의미를 가졌다. 명예퇴직 이후에도 사회에 기여하는 일을 통해 자신의 가치를 확인하고 새로운 가치를 찾게 되었다. 이를 통해 박지연 님은 명예퇴직 이후에도 풍요로운 가족 생활을 즐기며, 가족과 함께하는 소중한 순간을 더욱 가치 있게 만들어 가고 있다.

이렇게 명예퇴직을 통해 얻은 여유로운 시간은 박지연 님에게 가족과의 소중한 순간을 만들어 내는 데 큰 역할을 하고 있다. 그녀는 명예퇴직을 통해 가족과의 소중한 시간을 더욱 가치 있게 보내며, 지난 날들보다 더욱 행복하고 만족스러운 삶을 살아가고 있다.

박지연 님의 이야기는 명예퇴직 후의 가족과의 소중한 시간이 얼마나 큰 힘과 행복을 안겨 주는지를 일깨워 준다. 명예퇴직을 통해 얻은 여유로운 시간을 통해 새로운 도전과 봉사활동을 시작하며, 가족과의 소중한 시간을 만들어 내는 그녀의 이야기는 많은 이들에게 영감과 희망을 전해 주고 있다.

제8장

사회 참여를 통한 명예퇴직의 새로운 가치

50대 중반의 김용진 님은 명예퇴직을 결정한 후 가족과의 소중한 순간을 누리며, 사회에 참여하여 더 풍요로운 노후를 보내고 있습니다. 그의 이야기는 명예퇴직이 그에게 어떻게 새로운 시작을 안겨 주었고, 그의 삶에 어떠한 변화를 가져왔는지에 대한 탐험입니다.

명예퇴직을 향한 결정은 김용진 님에게 새로운 문을 열어 주었다. 28년이라는 긴 근무 연수를 마치고 나서, 그는 가족과의 소중한 시간을 중시하게 되었다. 명예퇴직 후에는 가족들과 함께하는 여가 시간을 늘리고, 가족 구성원들 간의 소통을 강화하기로 마음먹었다. 명예퇴직은 그에게 가족과 더 가까워지는 계기가 되었다.

가족과의 소통은 김용진 님에게 큰 행복을 가져다주고 있다. 명예퇴직 이후, 그는 자녀들과의 대화에 더 많은 시간을 할애하며, 서로의 이야기를 듣고 이해하려 노력하고 있다. 명예퇴직을 통한 새로운 시작은 가족과의 유대감을 높이는 데 기여하였다.

사회 참여 역시 김용진 님의 명예퇴직 이후에 큰 변화를 가져왔다. 그는 지역 사회 봉사활동에 참여하고, 다양한 사람들과 교류하며 새로운 인연을 만들고 있다. 지식을 나누는 강연이나 커뮤니티 활동을 통해 그는 명예퇴직을 통한 사회 참여의 가치를 깨닫고 있다. 이를 통해 그는 명예퇴직 후에도 사회에 기여하는 일의 중요성을 깨닫게 되었다.

김용진 님의 이야기는 명예퇴직을 통한 가족과의 소중한 시간과 사회 참여의 중요성을 강조하고 있다. 명예퇴직은 그에게 두 번째의 인생을 시작하게 하는 계기가 되었고, 그는 이를 통해 새로운 가치를 찾아내며 삶을 보다 의미 있게 채워 나가고 있다. 명예퇴직 후에도 그는 가족과의 소통과 사회 참여를 통해 풍요로운 삶을 살아가고 있다.

제9장

지연된 꿈의 추구: 명예퇴직 후의 새로운 도전

고등학교 교사로 26년 동안의 여정을 쌓아 올린 이은영 님은 명예퇴직을 결심하며 그녀의 인생에서 새로운 챕터를 열었습니다. 그녀는 교사로서의 무거운 짐을 내려놓고 나서야 비로소 마음의 여유를 느끼며, 두 번째 삶을 향한 모험을 시작할 수 있었습니다.

이은영 님의 삶은 학교 교실을 떠나, 다양한 가능성을 모색하는 새로운 과정으로 전환되었다. 가장 먼저 그녀는 자신의 소원과 열망을 추구하기로 마음먹었다. 그 꿈은 가족을 위한 행복한 삶을 찾는 것이었다.

첫째 아들은 이미 대학을 졸업하고 자립하여 자신의 길을 걸어가고 있었고, 둘째 아들은 고등학생으로 성장 중이었다. 명예퇴직 이후, 그녀는 가족과 함께 보내는 소중한 시간을 더욱 깊게 누리며, 자신의 꿈을 향한 여정을 시작했다.

초기에는 새로운 분야에서의 시작이 어색하게 느껴졌다. 하지만, 이은영 님은 결코 늦지 않았다는 것을 깨닫고, 지연된 꿈을 찾아가기로 마음먹었다. 그녀는 지역 사회 센터에서 다양한 봉사활동에 참여하면서 새로운 도전에 마주했다. 어르신들과 함께하는 문화체험 프로그램, 어린이 교육봉사 등을 통해 그녀의 일상은 다채로워졌다.

이은영 님의 봉사활동은 처음에는 낯선 환경에서 이뤄지기도 했지만, 시간이 흐를수록 가족과 지역 사회에 희망과 기쁨을 전하는 소중한 일임을 깨닫게 되었다. 어르신들과의 교감을 통해 얻은 지혜와 어린이들에게 전달하는 열정은 그녀의 봉사활동을 의미 있게 만들었다.

더욱이, 그녀는 명예퇴직 후에도 여전히 새로운 인연을 만들어 나갔다. 지역 사회에서의 봉사활동을 통해 만난 새로운 친구들은 서로 다른 배경에서 온 소중한 동료가 되었다. 이들과의 소통과 나눔은 그녀에게 큰 위로가 되었고, 새로운 친구들의 지원과 격려는 그녀의 꿈을 키우는 데 큰 힘이 되었다. 이은영 님은 명예퇴직 후에도 여전히 세상에 기여할 수 있는 다양한 방법이 있다는 것을 깨닫고, 자신의 선택에 만족하며 행복한 일상을 살아가고 있다. 지연된 꿈을 찾아나가는 과정에서 얻은 성취감과 새로운 인연들과 함께하는 시간은 그녀에게 큰 보람을 주고 있다.

이른바 '명예퇴직 행복학'을 실천하는 이은영 님의 이야기는 우리에게 희망과 용기를 전하며, 삶의 다음 장을 열어 가는 모든 이들에게 감동을 전하고 있다.

제10장

명예퇴직을 통한 학습의 재발견

대학 교수로 20년의 성공적인 경력을 쌓아 온 박성민 님은 명예퇴직을 결심하고 새로운 인생의 챕터를 시작했습니다. 그는 명예퇴직 이후 가족을 위해 봉사하며, 새로운 공부의 즐거움을 찾아 학습의 재발견을 하고 있는 50대 후반 주인공의 이야기입니다.

20년 동안의 대학 교수 생활은 지적 자극과 전문 지식의 쌓임으로 가득했다. 그러나 명예퇴직을 결심한 그는 미래에 대한 두려움보다는 새로운 도전에 흥미를 느끼기 시작했다. 첫 번째 목표는 가족과의 보다 깊은 소통이었다. 세월이 흐를수록 소중한 가족과의 시간이 무엇보다 중요하다는 깨달음을 얻은 그는 명예퇴직 후에는 가족과의 소중한 순간을 놓치지 않으며 행복한 시간을 보내고 있다.

봉사활동은 박성민 님에게 또 다른 의미 있는 도전을 제공했다. 이번에는 학문의 세계를 벗어나 타 분야에서 새롭게 배워 보고자 했다. 그는 지역 사회 센터에서 청소년들과 함께하는 교육 봉사활동에 참여하며, 자신의 전문 분야와는 다른 환경에서 새로운 지식을 습득하고자 했다.

학문적인 성취가 아니라 소통과 협력을 통한 성취를 추구하면서, 박성민 님은 높은 학벌과 경력에 얽매이지 않고 새로운 도전을 향해 나아가고 있다. 이를 통해 그는 명예퇴직 이후에도 학습의 즐거움을 찾아가는 과정에서 자아를 새롭게 발견하고 있다.

명예퇴직을 통한 학습의 재발견은 삶에 새로운 활력을 불어넣었다. 책뿐만 아니라 지역 사회의 역동적인 활동에 참여하면서 박성민 님은 자신이 가진 다양한 경험을 공유하고, 동시에 주변에서 새로운 아이디어와 지식을 얻어 가고 있다.

50대 후반이라는 나이에 명예퇴직 후에도 계속되는 도전의 열매로, 박성민 님은 자신의 삶을 더욱 풍요롭게 살아가고 있다. 가족과의 소중한 시간, 다양한 봉사활동, 그리고 새로운 학습의 즐거움을 통해 그는 명예퇴직을 통한 두 번째 삶을 완전히 활용하며 가치 있는 삶을 추구하고 있다. 그의 이야기는 명예퇴직을 고려하는 이들에게 새로운 가능성과 희망을 불어넣고 있다.

제11장

명예퇴직 후에도 계속되는 자기 계발

공공기업에서 28년 동안 근무한 박혜선 님은 조기 명예퇴직을 택한 후, 가족을 위해 더욱 다양한 봉사활동을 펼치며 자신의 삶을 지속적으로 발전시키고 있는 50대 중반의 주인공의 이야기입니다.

명예퇴직 이후, 박혜선 님은 처음에는 쉼표를 찍는 것이 목표였다. 그러나 그녀는 쉼표의 의미를 넘어 새로운 도전과 지속적인 성장을 찾아 나가기로 결심했다. 가족과의 시간은 물론, 자신의 능력을 봉사활동을 통해 지속적으로 향상시켜 나가고 있다.

가족은 그녀에게 항상 큰 힘이었다. 명예퇴직 후, 그녀는 가족과 함께 보내는 소중한 순간들을 즐기면서, 한편으로는 자신을 더 발전시키기 위한 여정에 나서고 있다. 가족의 지지와 이해를 바탕으로, 그녀는 명예퇴직 후의 두 번째 삶을 풍요롭게 만들어 나가고 있다.

봉사활동은 박혜선 님에게 새로운 도전의 기회를 제공하고 있다. 그녀는 지역 사회 센터에서 어린이들을 가르치는 봉사활동을 시작했다. 처음에는 새로운 분야에서의 도전이 어색하게 느껴졌지만, 어린이들과의 소통과 교감을 통해 새로운 역량을 개발하고 있다. 이를 통해 그녀는 명예퇴직 후에도 끊임없는 성장이 가능하다는 것을 깨닫고 있다.

새로운 기술과 지식을 습득하면서, 박혜선 님은 명예퇴직 이후에도 계속되는 개발의 중요성을 깨닫고 있다. 그녀는 온라인 강의를 통해 새로운 분야의 전문성을 키우고 있으며, 봉사활동을 통해 얻은 경험을 바탕으로 자기 계발의 길을 걸어가고 있다. 이를 통해 명예퇴직 후에도 계속해서 성장하고 발전하는 여정을 즐기고 있다.

50대 중반이라는 나이에 명예퇴직 후에도 새로운 도전과 지속적인 성장을 추구하는 박혜선 님의 이야기는 많은 이들에게 영감과 도전의 용기를 전하고 있다. 명예퇴직은 단순한 종결이 아닌, 지속적인 성장과 새로운 가능성의 시작일 수 있다는 것을 그녀의 이야기를 통해 알 수 있다. 지속적인 개발을 통해 두 번째 삶을 더욱 풍요롭게 만들어 나가고 있는 그녀의 이야기는 여러 이들에게 희망을 전하고 있다.

제12장

명예퇴직을 통한 정신적 휴식

25년간 공공기관에서 헌신적으로 근무한 김재호 님은 명예퇴직을 결심한 후, 가족과의 소중한 시간과 봉사활동을 통해 마음의 안식처를 찾는 여정에 나섰습니다. 50대 중반의 그의 명예퇴직 이후의 삶은 정신적인 휴식을 찾아가는 여정으로 가득 차 있었습니다.

명예퇴직 이후, 김재호 님은 먼저 가족과의 소중한 순간을 중시하기로 마음먹었다. 업무에서 해방된 시간을 가족과 함께 보내며 그는 새로운 삶의 시작을 천천히 즐기고 있었다. 가족과의 소통은 그에게 평화로움을 가져다주었고, 그로 인해 정신적인 안식처를 찾게 되었다. 특히, 가족과의 여행은 그에게 큰 의미를 부여했다. 명예퇴직 이후, 그는 새로운 장소를 탐험하고 가족과 함께하며 평소에는 눈치채지 못했던 아름다움을 발견했다. 이런 여행을 통해 그는 명예퇴직의 자유로움을 즐기면서 마음의 안식처를 찾아가는 중요성을 깨달았다.

봉사활동은 김재호 님에게 새로운 도전과 의미 있는 경험을 안겨 주었다. 명예퇴직 이후, 지역 사회에서 다양한 봉사활동에 참여하면서, 그는 사회적 기여의 소중함을 깨달았다. 어르신들과 함께하는 시간, 어린이들에게 지식을 나누는 경험은 그의 마음을 풍부하게 만들어 주었다. 봉사활동은 명예퇴직 후에도 가치 있는 일을 할 수 있는 기회를 제공하면서 그의 삶에 깊은 의미를 부여했다.

김재호 님은 명예퇴직 이후에 예전에는 쉽게 접하지 못했던 예술과 문화에 대한 관심을 키우기로 결심했다. 미술전이나 도서관에서의 시간은 그에게 새로운 지식과 통찰을 주었다. 명예퇴직을 통한 정신적 휴식의 여정에서, 그는 자기 계발을 통한 성장의 즐거움을 발견하고 있다.

50대 중반의 김재호 님은 명예퇴직 후에도 지속적인 정신적 휴식을 추구하며, 그로 인해 새로운 에너지를 얻어 가고 있다. 가족과의 소중한 순간, 봉사활동을 통한 사회 참여, 예술과 문화에 대한 관심을 키우며, 그는 명예퇴직 이후에도 지속적인 정신적인 휴식과 성장을 추구하고 있다.

김재호 님의 이야기는 명예퇴직을 고려하는 이들에게 새로운 삶의 가능성과 희망을 전하고 있으며, 마음의 안식처를 찾아가는 여정은 삶을 풍요롭게 만들어 나갈 수 있다는 아름다운 메시지를 전하고 있다.

제13장

명예퇴직으로 찾는 시간의 가치

국가 공무원으로 30년 동안 충성과 헌신으로 업무를 수행한 김소연 님은 명예퇴직을 결정한 후에 새로운 삶을 찾아가며 여유로움과 소중한 가족과의 시간, 봉사활동, 건강한 삶, 자기 계발 등을 통해 행복과 만족을 찾아가고 있습니다.

김소연 님은 명예퇴직을 통해 처음으로 맛보는 여유로운 시간 속에서 자신과의 소통을 찾아가고 있다. 지난 30년간의 바쁜 일정에서 벗어나 명예퇴직 이후, 그녀는 아침의 조용한 커피 한 잔, 햇볕 가득한 정원 산책, 그리고 책 속 세계에 푹 빠져들기와 같은 소소한 순간들을 통해 새로운 삶을 찾아가고 있다. 명예퇴직은 그녀에게 시간의 가치를 깨닫게 하며, 새로운 시작을 위한 여유로움을 선물해 주었다.

가장 큰 변화 중 하나는 가족과의 소중한 연결이었다. 김소연 님은 명예퇴직 이후에야 비로소 진정한 가족과의 소통을 찾아가게 되었다. 이전의 바쁜 업무로 인해 소홀해졌던 가족과의 시간은 명예퇴직 후에야 그리움으로 다가왔다. 자녀들과의 대화, 배우자와의 소소한 산책, 가족들과 함께하는 소규모 모임 – 이 모든 것들이 그녀에게 큰 기쁨과 만족을 안겨 주었다. 명예퇴직은 가족과의 더 깊은 연결을 위한 소중한 기회를 제공했다.

봉사활동은 김소연 님에게 또 다른 의미 있는 경험이었다. 명예퇴직 후, 그녀는 지역 사회에서의 다양한 봉사활동에 참여하면서 새로운 사람들과의 만남을 즐기고, 소외된 이웃들을 도와주는 일에 기쁨을 느끼고 있다. 명예퇴직은 그녀에게 이웃들을 도우며 소통하고 나눔의 기쁨을 경험할 수 있는 기회를 제공했다. 어릴 적부터 가지고 있던 공익 정신은 명예퇴직 후에 더욱 활발하게 피어나고, 그녀의 삶에 새로운 의미를 부여하고 있다.

건강한 삶을 위한 노력 또한 김소연 님의 명예퇴직 후 이야기에 빼놓을 수 없는 부분이다. 명예퇴직 이전의 스트레스와 바쁜 업무로 인해 소홀했던 건강 관리에 명예퇴직 후에 더욱 신경을 쓰고 있다. 꾸준한 운동과 건강한 식습관을 통해 몸과 마음을 챙기고, 이로 인해 그녀는 더욱 활기찬 삶을 살아가고 있다.

김소연 님의 명예퇴직 후 이야기는 여유로움, 가족과의 소중한 연결, 봉사활동, 건강한 삶, 자기 계발 등 다양한 측면에서 행복과 만족을 찾아가는 여정으로 가득하다. 명예퇴직은 그녀에게 두려움이 아닌 새로운 가능성을 여는 문이었고, 그녀는 이를 통해 새로운 삶의 가치를 찾아가고 있다. 명예퇴직 후의 김소연 님은 지난 30년 동안 쌓아온 경험을 삶에 녹여 내며 새로운 순간들을 소중히 여기고 있다.

제14장

명예퇴직을 통한 건강한 삶의 시작

외국기업에서 28년 동안 헌신적으로 근무한 이병철 님은 명예퇴직을 결심하고 새로운 삶의 시작을 꿈꾸었습니다. 50대 후반의 주인공은 명예퇴직 이후 더욱 건강한 삶을 추구하며, 가족과의 소중한 시간을 봉사를 통해 함께하며 자신의 삶을 충실하게 가치 있게 살아가고 있습니다.

명예퇴직을 앞두고 있을 때, 이병철 님은 먼저 건강에 대한 심각한 고민을 하게 되었다. 장시간의 근무와 스트레스가 쌓인 결과로 건강이 약해진 그는 명예퇴직을 통한 새로운 시작을 통해 건강한 삶을 찾아가기로 결심했다.

가장 먼저 그가 채택한 것은 꾸준한 운동 습관이었다. 매일 조깅을 통해 체력을 강화하고, 명상을 통해 마음의 평화를 찾으며 몸과 마음의 균형을 맞추기 시작했다. 이렇게 조금씩 쌓아 나가는 건강 습관은 그의 명예퇴직 후에도 지속되며, 삶에 활력을 불어넣고 있다.

건강한 식습관은 그가 명예퇴직 후에 더욱 심각하게 고민한 부분 중 하나였다. 규칙적인 식사와 신선한 재료를 활용한 요리는 그의 건강을 지탱하는 중요한 일상이 되었다. 명예퇴직 후, 그는 더 많은 시간을 가족과 함께 식사하는 것에 집중하면서 건강한 식습관을 유지하고 있다.

명예퇴직 후, 이병철 님은 봉사활동을 통해 새로운 의미 있는 일상을 찾았다. 가족과 함께 지역 사회 센터에서 어르신들을 도우며, 그들과의 소중한 대화와 함께 건강한 활동을 통해 자신의 몸과 마음을 건강하게 유지하고 있다. 봉사활동은 그에게만이 아니라 지역 사회에도 긍정적인 영향을 미치며, 건강한 삶을 추구하는 데 큰 도움이 되고 있다.

그는 명예퇴직 이후 가족과의 소중한 시간을 놓치지 않기로 다짐했다. 가족과 함께하는 시간은 그에게 큰 기쁨과 안정감을 주었다. 명예퇴직 이후에는 가족과의 소통이 더욱 활발해지면서, 서로에 대한 이해와 사랑이 더욱 깊어졌다. 이를 통해 그는 건강한 가정이 건강한 삶의 출발점이라는 것을 깨닫고 있다.

이병철 님의 이야기는 명예퇴직을 통한 건강한 삶의 시작을 찾는 이들에게 희망과 용기를 주고 있다. 몸과 마음을 동시에 건강하게 유지하며, 가족과의 소중한 순간을 함께하는 것이 명예퇴직 후의 행복한 삶을 이루는 데에 중요하다는 메시지를 전하고 있다. 그의 이야기를 통해 건강과 행복의 조화로운 삶을 추구하는 여정이 우리에게 어떤 의미인지를 공감할 수 있게 하고 있다.

제15장

명예퇴직을 통한 사회적 기여의 의미

　이지현 님은 의료기관에서 28년간의 헌신적인 근무 끝에 조기 명예퇴직을 결심했습니다. 그녀의 이야기는 명예퇴직 이후에도 사회적으로 기여하며 행복과 의미를 찾아가는 여정으로, 사실적이며 감성적인 측면을 담고 있습니다.

　의료 기관에서의 장기간 근무 끝에 이지현 님은 명예퇴직을 통해 새로운 삶의 시작을 결심했다. 그녀는 명예퇴직을 단순히 일자리를 떠나는 것이 아닌, 사회에 다시 기여하고자 하는 열망의 시작으로 바라보고 있다. 그리고 그 기여의 하나로 봉사활동을 선택했다.

　봉사활동을 시작하면서 그녀는 주변 사람들과 소통하고 나눔의 즐거움을 경험하게 되었다. 어린이 센터에서 어린이들과 함께 시간을 보내며, 노인 복지센터에서 어르신들에게 힐링의 손길을 전해 주는 등, 그녀는 자신의 전문 분야 지식과 따뜻한 마음을 결합하여 사회적으로 기여하고 있다.

　이지현 님은 명예퇴직 이후에도 의료 분야에서의 전문성을 활용하여 지역 사회에 기여하고 있다. 건강 간호 교육을 실시하거나 지역 예방

프로그램을 지원하는 등, 그녀는 자신의 경험과 지식을 활용해 지역 주민들의 건강한 삶을 지원하고 있다. 이를 통해 그녀는 명예퇴직 후에도 의미 있는 일을 찾아가고 있음을 보여 주고 있다.

이지현 님은 봉사활동을 통해 특별한 의미를 찾아가고 있다. 어린이들의 미소와 어르신들과의 소중한 대화에서 따뜻함을 느끼며, 이를 통해 그녀는 자신의 일생에 새로운 의미를 부여하고 있다. 봉사를 통해 얻는 보람과 행복은 명예퇴직 이후의 인생을 풍요롭게 만들어 나가고 있다.

이지현 님은 명예퇴직 후에도 학습과 성장을 포기하지 않았다. 지속적인 교육을 통해 의료 기술의 발전에 뒤처지지 않으며, 새로운 도전에 적극적으로 나서고 있다. 그녀의 이야기는 명예퇴직 이후에도 계속되는 성장과 도전을 통해 삶의 가치를 찾아가는 메시지를 담고 있다.

50대 중반의 이지현 님은 명예퇴직을 통해 더 큰 목표를 향해 나아가고 있다. 그녀의 이야기는 사회적 기여와 봉사를 통해 찾은 행복과 만족감이 얼마나 의미 있는 것인지를 전하고 있다. 명예퇴직 후에도 새로운 도전을 통해 자신의 삶을 풍요롭게 만들어 나가고 있는 그녀의 모습은 많은 이들에게 영감과 용기를 전하고 있다.

제16장

행복한 명예퇴직의 결실: 새로운 시작

김태영 님은 대기업 해외지사에서 27년간의 헌신적인 근무 끝에 명예
퇴직을 선택했습니다. 그의 이야기는 명예퇴직 이후 가족을 위한 봉사와
자기 계발을 통해 자신의 삶을 새롭게 가치 있게 살아가는 여정을 그리고
있습니다.

김태영 님이 명예퇴직을 선택한 계기는 가족과의 소중한 시간을 더
중요하게 생각하기 시작했기 때문이었다. 해외근무로 인해 놓친 소중
한 순간들을 되돌아보며, 명예퇴직은 그에게 두 번째 삶을 살아가기 위
한 기회로 다가왔다.

가족과의 소중한 시간을 보내기 위해 김태영 님은 봉사활동을 시작
했다. 어르신들을 돕는 봉사활동에서 그는 따뜻한 인연을 만들며, 자신
의 경험과 노하우를 지역 사회에 나누어 주는 기쁨을 느끼고 있다. 이를
통해 명예퇴직 이후에도 전문성을 활용하여 사회에 기여하고자 하는
의지를 발견했다.

자기 계발에 시간을 투자한 김태영 님은 새로운 분야의 공부와 습
득한 지식을 활용하여 사회에 더 나은 가치를 제공하고자 했다. 그의 새

로운 목표는 명예퇴직 후에도 계속되는 성장과 도전에 큰 영감을 주고 있다.

김태영 님은 명예퇴직을 통해 얻은 시간을 활용해 자신의 가치관과 소명을 재정립하고 있다. 가족, 봉사, 자기 계발을 통한 행복과 만족을 동시에 찾아가며 명예퇴직의 결실을 맛보고 있다.

그의 명예퇴직 이후의 인생은 행복학의 실천가로서 삶을 살아가고 있다. 명예퇴직은 단순히 일의 종료가 아닌, 더 큰 가치와 의미를 찾아가는 여정의 시작임을 보여 주며, 우리들에게 희망과 용기를 전하고 있다.

명예퇴직 이후에도 김태영 님은 자신의 경험과 역량을 지역 사회와 가족에 기여하며, 계속해서 성장하고 새로운 도전에 나서는 모습은 많은 이들에게 영감과 교훈을 전하고 있다. 명예퇴직이 행복한 두 번째 출발의 시작이라는 메시지를 전하며, 그의 이야기는 많은 이들에게 긍정적인 영향을 미치고 있다.

제17장

명예퇴직을 통한 변화와 성장

이선희 님은 초등학교 교사로 30년 동안의 헌신적인 근무를 마치고 조기 명예퇴직을 선택했습니다. 그녀는 명예퇴직을 통해 가족과 봉사를 통한 소통, 그리고 자기 계발을 통한 풍요로운 삶을 찾아가는 여정을 향해 나아가고 있습니다.

30년간의 교육 분야에서의 경험을 쌓은 이선희 님은 명예퇴직을 결심함으로써 인생의 다음 단계를 위한 문을 열었다. 이는 그녀에게 새로운 도전의 시작이자 변화와 성장을 위한 첫걸음이었다. 그녀의 이야기는 명예퇴직 후에도 끊임없이 발전하고 성장하는 삶의 의미를 찾아가는 과정을 담고 있다.

가족을 위한 봉사활동은 이선희 님에게 큰 의미를 부여하고 있다. 명예퇴직 후, 그녀는 자신의 전문 분야를 활용하여 어린이들과 함께 시간을 보내며 교육의 즐거움을 전하는 일에 참여하고 있다. 이를 통해 그녀는 가족과의 소중한 시간을 만들어 내면서 동시에 지역 사회에 기여함으로써 더 큰 의미 있는 인생을 살아가고 있다.

자기 계발의 길을 걷는 이선희 님은 명예퇴직 이후에도 학습의 즐거움을 놓지 않고 있다. 새로운 분야의 공부와 예술, 문학에 대한 관심을 키우며 그녀의 삶은 다양성과 풍요로움으로 가득 차고 있다. 명예퇴직은 그녀에게 새로운 지식을 습득하고 새로운 열정을 발견하는 기회를 제공하고 있다.

이선희 님의 명예퇴직 이후의 삶은 따뜻한 가족과의 소중한 시간, 사회에 기여하는 봉사활동, 그리고 자기 계발을 통한 끊임없는 성장으로 가득 차 있다. 이는 명예퇴직이 단순한 종료가 아닌, 더 나은 자기 자신을 찾아가고 새로운 가치를 창출하는 여정의 시작임을 보여 주고 있다.

이선희 님의 이야기는 명예퇴직을 통해 더 큰 목표와 가치를 찾아가는 여정이 얼마나 의미 있는 것인지를 보여 주고 있다. 그녀의 경험과 열정은 많은 이들에게 희망과 도전의 용기를 전하며, 명예퇴직은 한 인생의 새로운 장을 열 수 있는 기회임을 강조하고 있다.

제18장

새로운 꿈을 위해, 조기 명예퇴직의 선택

김준호 님은 25년이라는 긴 시간 동안 초등학교에서 아이들을 가르치며 헌신적으로 일해 왔습니다. 그러나 어느 날, 그는 자신의 삶에 새로운 전환을 가져올 조기 명예퇴직을 결심하게 되었습니다. 이는 그에게 새로운 꿈을 향해 더 나은 길을 찾기 위한 과감한 결정이었습니다.

25년 동안의 교육 분야에서 축적된 경험을 바탕으로, 김준호 님은 명예퇴직을 통해 자유로운 시간을 확보하고자 했다. 가족과의 소중한 시간을 더 많이 보내며, 새로운 도전과 성장을 위한 준비를 시작하는 것이 그의 목표였다.

가족을 위한 봉사활동은 김준호 님에게 큰 의미를 부여했다. 명예퇴직 이후, 그는 지역 사회에서 어린이들에게 교육을 제공하는 자원봉사자로 활동하며 더 많은 아이들과 소통하고 있다. 그의 따뜻한 가르침은 어린이들에게 희망과 꿈을 심어 주고, 동시에 그 자신에게도 새로운 삶의 의미를 부여하고 있다.

미래에 대한 두려움보다는 기대감을 향해 나아가는 김준호 님은 명예퇴직 이후에도 지속적인 자기 계발에 힘쓰고 있다. 새로운 분야의 공부와 현업에서 얻은 지식을 결합하여, 그는 교육 분야에서 더 나은 방향을 모색하고 있다. 명예퇴직은 그에게 끊임없는 성장과 새로운 도전의 문을 열어 주었다.

가족과의 소중한 시간은 김준호 님에게 명예퇴직의 큰 선물 중 하나이다. 명예퇴직 이후, 그는 가족과 함께 여행하며, 함께하는 시간이 삶의 진정한 행복임을 깨닫고 있다. 이를 통해 명예퇴직은 단순한 업무의 종료가 아닌, 가족과의 소중한 순간을 만들어 내는 중요한 계기가 되었다.

김준호 님의 이야기는 명예퇴직이 미래의 두려움이 아닌, 미래의 새로운 꿈과 도전을 의미하는 것임을 보여 주고 있다. 그는 명예퇴직을 통해 자신의 가치를 재정립하고, 가족과의 소중한 시간을 만들어 내며, 끊임없이 성장하고 있다. 그의 선택은 미래에 대한 긍정적인 전망과 함께 두려움 없는 변화와 성장을 향한 용기의 결정이다. 명예퇴직은 어떤 상황에서도 우리에게 미래의 무한한 가능성을 제시하는 새로운 시작임을 상기시켜 주고 있다.

제19장

새로운 문이 열린다: 조기 명예퇴직의 풍경

32년 동안 지방직 공무원으로 근무한 김지혜 님은 조기 명예퇴직을 통해 자신의 인생을 새롭게 그려 나가고 있습니다. 명예퇴직의 결정은 그녀에게 두려움이 아닌, 미래의 새로운 가능성과 도전의 문을 열어 주는 열쇠로 작용했습니다.

32년간의 공무원으로서의 근무 생활을 마무리하며, 김지혜 님은 명예퇴직을 통해 더 나은 인생을 꿈꾸고자 했다. 새로운 문을 열어 보기로 한 그녀는 과감한 선택을 통해 미래를 위한 새로운 여정에 나서고 있었다.

명예퇴직 이후, 김지혜 님은 가족과의 소중한 시간을 더욱 확보할 수 있게 되었다. 그녀는 지역 사회에서 다양한 봉사활동에 참여하면서 더 많은 사람들과 소통하고 인연을 맺고 있다. 명예퇴직은 그녀에게 봉사를 통한 소통과 가족과의 교류를 즐길 수 있는 기회를 제공하며, 그로 인해 더 풍요로운 인생을 살아가고 있다.

자기 계발에 힘쓰는 김지혜 님은 명예퇴직 이후에도 새로운 지식과 기술을 습득하는 데에 전념하고 있다. 교육 프로그램 참여와 새로운 분야의 도전을 통해, 그녀의 노력은 계속해서 확장되고 있다. 명예퇴직은 그녀에게 지적 호기심을 충족시키고 끊임없는 성장을 이루어 낼 수 있는 시간적 여유를 제공하였다.

가족과의 소중한 순간은 김지혜 님에게 명예퇴직의 가장 큰 선물 중 하나로 다가왔다. 그녀는 가족과 함께하는 시간이 얼마나 소중하고 유익한지를 명예퇴직을 통해 깨닫고 있다. 명예퇴직은 가족과의 소중한 순간을 만들어 내는 중요한 계기로 작용하며, 이는 그녀에게 큰 만족감과 행복을 안겨 주고 있다.

김지혜 님의 이야기는 명예퇴직이 새로운 문을 열어 주는 것이라는 점을 보여 주고 있다. 그녀는 두려움을 뛰어넘고 변화에 도전함으로써 더 나은 인생을 찾아가고 있다. 명예퇴직은 그녀에게 단순히 과거의 업무를 마무리하는 것이 아니라, 앞으로의 미래를 위한 새로운 시작을 의미하고 있었다.

제20장

명예퇴직으로 자아실현의 문을 열다

한여름, 무더운 날씨 속에서 명예퇴직한 박성호 님은 새로운 삶의 시작을 알렸습니다. 27년간의 지방직 공무원 생활을 마치고, 그는 자아실현을 위한 길에 발을 내디뎠습니다.

50대 후반의 박성호 님은 명예퇴직 후 더 큰 의미와 행복을 찾기로 결심했다. 그는 가족을 위한 봉사활동을 선택해 가치 있는 시간을 보내면서, 새로운 가치관을 형성해 나가고 있었다.

그의 봉사활동은 단순한 자발적인 봉사가 아니었다. 지역 사회의 어려움을 직접 체험하며, 가족과 함께 나누는 시간을 통해 사회적 연대감을 높이고 있었다. 그는 가난한 이웃들에게 희망을 전하며, 자신의 경험과 노력으로 변화의 싹을 피우고자 했다.

박성호 님의 명예퇴직은 단순히 직장을 떠나는 것이 아니라, 새로운 도전과 성장을 의미했다. 자기 계발에 소홀하지 않았다. 독서, 미술, 운동 등을 통해 새로운 분야에서의 지식과 경험을 쌓으며, 그의 삶은 다양성과 풍요로움으로 가득 차 있었다.

50대 후반이라는 연령에도 불구하고, 박성호 님은 끊임없이 성장하고 있었다. 명예퇴직 이후, 그는 자신의 역량을 새롭게 발견하면서 더 나은 사람이 되기 위한 노력을 게을리하지 않았다. 이를 통해 그의 삶은 더욱 풍요로워지고, 주변에는 그의 긍정적인 에너지가 퍼져 나가고 있었다.

가장 큰 행복은 바로 가족과의 소중한 시간에서 찾았다. 명예퇴직으로 인해 느린 일상에 적응하면서, 그는 가족과 함께하는 시간을 더욱 소중히 여기게 되었다. 이제 그는 자녀들과의 소통이 더 깊어지고, 가정의 화합과 안정이 그의 내적 평화를 불러일으키고 있었다.

박성호 님의 이야기는 명예퇴직이 어떻게 새로운 시작을 의미하며, 어떻게 자아실현의 문을 열어 갈 수 있는지 보여 주고 있다. 단순한 봉사가 아니라 사회적인 문제에 참여하고, 자기 계발을 통해 더 나은 삶을 찾아가는 그의 모습은 많은 이들에게 용기와 영감을 전하고 있다. 박성호 님의 성장은 우리 모두에게 생각할 거리를 남겨 주며, 자아실현의 길에 대한 희망을 심어 주고 있다.

제21장

명예퇴직 신청의 마음가짐

　가을의 서늘한 바람이 불던 날, 대기업에서 30년이 넘는 시간을 보낸 조선옥 님은 새로운 인생의 장을 향해 첫걸음을 내디뎠습니다. 조기 명예퇴직을 통해 얻은 자유로운 시간을 삶의 가치와 행복을 찾는 여정으로 결정한 50대 중반의 주인공 이야기입니다.

　30년간의 대기업 생활은 안정과 성취를 안겨 주었지만, 조선옥 님은 더 큰 꿈을 향한 열망을 품고 있었다. 명예퇴직 신청을 결심할 때, 그녀는 더 많은 가치와 의미 있는 경험을 추구하고자 했다. 가족을 위한 봉사활동이 그녀의 새로운 삶의 핵심이 되었다.

　처음에는 대기업의 안정된 환경에서 벗어나기에 두려움이 있었지만, 조선옥 님은 그 두려움을 이겨 내고 명예퇴직을 택했다. 그녀는 자신의 마음을 다잡고, 새로운 도전에 대한 용기를 내적으로 다듬었다. 이는 새로운 시작을 향한 결연한 첫걸음이었다.

　명예퇴직 이후, 조선옥 님은 봉사활동을 통해 가족과 사회에 보탬이 되고자 했다. 지역 사회센터에서 어르신들과 함께하는 시간을 가지며, 그녀는 소중한 인연을 만들어 가고 있었다. 이를 통해 그녀는 봉사의 소중함과 고마움을 느끼면서, 자신의 인생에 새로운 의미를 부여하고 있었다.

조선옥 님은 명예퇴직 이후에도 항상 새로운 것을 배우려는 자세를 잃지 않았다. 예술, 문학, 그리고 자원봉사활동을 통해 그녀의 삶은 다양한 경험으로 가득 차 있었다. 이러한 다양한 활동을 통해 그녀는 자신을 더욱 풍부하게 만들고, 미래에 대한 열린 마음을 유지하고 있었다.

50대 중반이라는 나이에도 불구하고, 조선옥 님은 명예퇴직을 통한 변화를 긍정적으로 수용하며 성장하고 있었다. 가족과의 소중한 시간은 명예퇴직으로 얻은 가장 큰 보상 중 하나로 여겨졌다. 그녀는 가정의 안락함과 따뜻함을 통해 자신의 내적 평화를 찾아가고 있었다.

조선옥 님의 이야기는 명예퇴직이 얼마나 큰 변화를 가져오며, 그것을 통해 어떻게 더 풍요로운 인생을 살아갈 수 있는지를 보여 주고 있다. 그녀의 마음가짐과 노력은 많은 이들에게 희망과 용기를 전하고 있으며, 명예퇴직을 통한 새로운 인생의 시작에 대한 긍정적인 메시지를 전하고 있다.

제22장

명예퇴직을 위한 새로운 계획 세우기

대기업에서 29년이라는 세월을 보내며 쌓아 온 경험을 토대로 명예퇴직을 결심한 최성우 님. 그의 이야기는 하나의 마감이 새로운 시작을 의미하는 삶의 모험과 변화를 담고 있습니다.

명예퇴직을 통해 자유로워진 시간, 그리고 가족과의 소중한 순간들을 위해 최성우 님은 단호한 결정을 내리기로 했다. 50대 후반의 남성으로서 그는 삶에 새로운 활력을 불어넣기 위해 새로운 계획을 세우고 있었다.

첫걸음은 명예퇴직 후에도 계속해서 자기 계발에 힘쓰는 것이었다. 그는 다양한 분야에서의 강연, 세미나에 참석하며 지식과 통찰력을 넓혀 가고 있었다. 새로운 분야에서의 도전은 그에게 끊임없는 성장의 기회로 다가왔다.

봉사활동을 통해 사회에 보탬이 되고자 하는 최성우 님은 어린이들을 위한 교육봉사에 참여했다. 자신의 경험과 지식을 나누며 미래 세대에게 도움이 되고자 하는 그의 의지는 봉사활동을 통해 더욱 강화되고 있었다. 이는 그에게 새로운 의미 있는 가치를 찾게 해 주었다.

새로운 시작을 알리는 것이 명예퇴직 이후의 삶이라면, 그에게 가장 중요한 것은 가족과의 소중한 시간이었다. 최성우 님은 가족과 함께하는 여유로운 일상이 명예퇴직의 최대 수확이라고 생각했다. 가족들과의 소통을 높이며, 함께하는 시간이 행복의 원천이라고 믿고 있었다.

새로운 태양이 뜬다는 마음가짐으로 최성우 님은 명예퇴직 이후의 생활을 적극적으로 계획하고 있었다. 그는 가치 있는 봉사활동을 통해 사회에 기여하고, 자기 계발을 통해 끊임없이 성장하며, 가족과의 소중한 순간을 나누며 더욱 풍요로운 삶을 살아가고 있었다.

최성우 님의 이야기는 명예퇴직이 새로운 시작이 될 수 있음을 보여주고 있다. 남은 삶을 풍요롭게 만들기 위해 자기 계발과 봉사활동을 통한 사회 참여, 그리고 가족과의 소중한 시간을 놓치지 않는 그의 모습은 많은 이들에게 희망과 도전의 용기를 전해 주고 있다. 새로운 태양이 뜬다는 그의 마음가짐은 그 자체로 행복한 인생의 시작이자 지속적인 모험을 약속하고 있었다.

제23장

명예퇴직을 위한 내면의 정비

중소기업에서 25년이라는 세월을 함께한 김혜경 님은 조기 명예퇴직을 결심하며 내면의 정비에 나섰습니다. 그녀의 이야기는 명예퇴직을 향한 감정적인 준비와 함께, 더 나은 삶을 위한 여정을 그려 내고 있습니다.

명예퇴직을 결심한 그녀는 40대 후반의 여성으로서, 새로운 시작에 대한 기대와 두려움이 교차하는 마음을 안고 있었다. 중소기업에서의 긴 시간을 보내면서 축적된 경험을 바탕으로 하지만, 미래에 대한 불안감도 함께 떠올랐다.

내면의 정비를 위해 김혜경 님은 처음에는 자신의 감정과 마주하기 시작했다. 명예퇴직으로 인한 감정적인 충격과 변화에 대한 두려움을 솔직하게 받아들였다. 그녀는 이를 통해 새로운 삶을 받아들이기 위한 마음의 준비를 하기로 결심했다.

내면의 정비는 스스로를 돌아보는 과정이기도 했다. 김혜경 님은 자기 자신과의 소통을 통해 자아를 발견하고, 명예퇴직 후에 무엇을 원하는지를 깊이 생각해 보았다. 그녀는 더 이상 외부의 평가에 의존하지 않고, 자신만의 가치관을 찾아가고 있었다.

감정적인 준비를 마친 김혜경 님은 명예퇴직 이후의 삶을 위한 계획을 세우기 시작했다. 그녀는 가족을 위한 봉사활동을 통해 사회에 보탬이 되고, 동시에 새로운 분야에서의 도전을 감행했다. 이를 통해 그녀는 명예퇴직이 새로운 경험과 만남을 가져다줄 수 있는 기회임을 깨달았다.

40대 후반의 김혜경 님은 자기 계발에도 주력하고 있었다. 새로운 분야에서의 공부와 습득한 지식은 그녀의 자신감을 높이는 데 일조하고 있었다. 명예퇴직 후에도 계속해서 성장하고 발전하기 위한 노력은 그녀의 미래에 대한 희망을 불러일으키고 있었다.

가족과의 소중한 시간은 김혜경 님에게 큰 의미를 부여하고 있었다. 명예퇴직으로 인해 늘어난 가족과의 소통은 그녀에게 새로운 안정감과 행복을 안겨 주고 있었다. 이를 통해 그녀는 명예퇴직을 통해 찾은 가치로운 순간들을 즐기며, 더욱 풍요로운 인생을 살아가고 있었다.

김혜경 님의 이야기는 명예퇴직을 향한 감정적인 준비와 내면의 정비가 얼마나 중요한지를 보여 주고 있다. 그녀의 결심과 노력은 많은 이들에게 희망과 용기를 전하고 있으며, 명예퇴직이 더 나은 삶을 향한 새로운 시작임을 상기시켜 주고 있다.

제24장

명예퇴직을 위한 개인적인 준비

중소기업에서 28년 동안 묵묵히 근무한 박준혁 님은 명예퇴직을 결정하면서 나만의 길을 찾아 나섰습니다. 50대 중반의 남성으로서, 그의 이야기는 명예퇴직을 통한 새로운 시작과 개인적인 준비의 중요성을 다루고 있습니다.

28년이라는 세월을 중소기업과 함께한 박준혁 님은 명예퇴직을 고려하게 된 결정에 대한 갈등과 불안을 안고 있었다. 그러나 그는 이를 기회로 삶에 새로운 의미를 부여하고, 그 자신만의 길을 찾아가기 위한 시간으로 삼기로 마음먹었다.

개인적인 준비를 위해 박준혁 님은 먼저 자신의 가치관과 역량을 되돌아보았다. 명예퇴직 후에는 어떤 분야에서 더욱 빛을 발하고, 어떻게 자신을 발전시킬 것인가에 대한 고민이 시작되었다. 그는 다양한 분야에서의 자기 계발을 통해 새로운 도전에 대한 자신감을 키우고 있었다.

봉사활동은 박준혁 님에게 큰 의미를 부여하고 있었다. 그는 지역 사회에서 필요로 하는 곳에 봉사하면서 삶의 소중한 부분을 찾아가고 있었다. 특히, 어린이들과의 소통을 통해 그는 자신의 경험과 지식을 전하면서 동시에 새로운 에너지를 얻어 내고 있었다.

50대 중반의 박준혁 님은 명예퇴직 후에도 끊임없이 성장하고 있었다. 새로운 분야에서의 공부와 습득한 지식은 그의 삶에 다양성과 풍요로움을 더해 주고 있었다. 이를 통해 그는 명예퇴직이 새로운 가능성을 열어 줄 수 있는 것임을 깨달았다.

가장 중요한 준비는 가족과의 소중한 시간에 대한 고민이었다. 명예퇴직을 통해 더 많은 가족과의 소통과 협력을 도모하면서, 박준혁 님은 가정의 안정성을 더욱 키워 나가고 있었다. 이는 그에게 큰 만족과 행복을 안겨 주었다.

박준혁 님의 이야기는 명예퇴직을 통해 나만의 길을 찾아가는 여정을 보여 주고 있다. 그는 개인적인 준비를 통해 명예퇴직 이후의 삶에 새로운 가능성을 찾고, 나아가 가족과의 소중한 시간을 통해 더욱 풍요로운 인생을 살아가고 있다. 명예퇴직은 그에게 새로운 시작의 문을 열어 주었고, 그의 이야기는 미래에 대한 희망과 도전을 가진 이들에게 영감을 전하고 있다.

제25장

명예퇴직으로 더 나은 내일을 꿈꾸다

고등학교 교사로 30년간 교육 현장에서 성실히 일한 송지영 님은 조기 명예퇴직을 결정한 후, 봄처럼 새롭게 피어나는 삶의 꽃을 찾아 떠났습니다. 50대 중반의 여성으로서, 그녀의 이야기는 명예퇴직을 통해 더 나은 내일을 꿈꾸며 행복과 가치 있는 삶을 찾아가는 여정을 담고 있습니다.

30년 동안 교육의 전당에 서 있으며 학생들과 함께한 송지영 님은 명예퇴직을 결정할 때 고민과 갈등이 있었다. 그러나 그녀는 더 넓은 세상에서 새로운 경험을 쌓아 가고, 자신의 삶에 새로운 의미를 찾기 위해 명예퇴직을 결심했다. 봄처럼 따뜻한 기운이 느껴지는 그녀의 명예퇴직은 새로운 시작의 전초였다.

첫걸음은 자기 계발에서 시작되었다. 송지영 님은 명예퇴직 후에도 학문에 대한 열정을 잃지 않았다. 다양한 분야의 강연과 세미나에 참여하며 새로운 지식과 아이디어를 습득하고, 이를 통해 자신의 시야를 확장하고 있었다. 명예퇴직은 그녀에게 끝이 아니라, 오히려 새로운 배움의 시작임을 상기시켜 주었다.

봉사활동은 송지영 님에게 큰 만족감을 주었다. 그녀는 지역 사회에서 어려운 이웃들을 돕는 일에 참여하면서 삶의 소중함을 더욱 깊이 느끼고 있었다. 특히, 학생들을 가르치던 경험이 봉사활동에서 유용하게 활용되어, 지역 사회에 교육적 가치를 전하고 있었다.

명예퇴직 이후, 송지영 님은 가족과 함께하는 시간을 더욱 소중히 여기게 되었다. 명예퇴직으로 인해 느린 일상에 적응하면서, 그녀는 가족과 함께하는 시간을 더욱 깊이 즐기고 있었다. 이제는 강의실 밖에서 가족과의 소통을 통해 더욱 행복한 삶을 찾아가고 있었다. 50대 중반의 그녀는 명예퇴직을 통해 찾은 행복과 만족감을 주변과 나누려고 하고 있었다.

송지영 님의 이야기는 명예퇴직이 새로운 도전과 성장의 길임을 보여 주며, 봄처럼 새로운 꽃들이 피어나듯이 명예퇴직 후의 삶이 얼마나 풍요로울 수 있는지를 전하고 있다. 송지영 님은 명예퇴직을 통해 더 나은 내일을 꿈꾸며, 자신의 삶을 더욱 풍요롭게 가치 있게 살아가고 있다.

제26장

명예퇴직을 통한 인생의 새로운 의미

대학교 교수로 20년을 성실히 교육에 헌신한 김태현 님. 그는 명예퇴직을 결정한 후에도 여전한 열정과 희망으로 가족과의 소중한 시간을 통해 자아의 발견과 인생의 새로운 의미를 찾아 나가고 있었습니다.

20년이라는 세월 동안 대학 교육의 현장에서 지식을 전하며 시간을 보낸 김태현 님은 명예퇴직을 고려할 때 불안과 기대가 교차되는 마음을 안고 있었다. 그러나 명예퇴직을 통해 새로운 도전과 경험을 찾아 나가고자 하는 그의 의지는 결연했다.

명예퇴직 이후, 김태현 님은 자아의 발견을 위해 다양한 시도에 나섰다. 예술, 문학, 그리고 자연과 교감하며 새로운 삶의 아름다움을 찾았다. 특히, 예술적인 활동을 통해 그는 창의성을 키우고, 자신만의 예술적 표현을 발견하는 동시에 인생에 대한 새로운 관점을 얻었다.

봉사활동은 그에게 큰 의미를 부여하고 있었다. 지식과 경험을 바탕으로 한 봉사는 그의 헌신적인 성향을 살려 새로운 분야에서도 기여할 수 있는 방법을 찾게 해 주었다. 특히, 어린이들과의 교육봉사는 그에게 새로운 가르침과 함께 아이들의 순수한 에너지를 전하며 마음을 감동시키고 있었다.

가족과의 소중한 시간은 명예퇴직 이후에 더욱 중요한 의미를 가지게 되었다. 김태현 님은 가족과 함께하는 여유로운 일상이 명예퇴직의 가장 큰 선물 중 하나임을 깨닫고 있었다. 가족과의 소통을 높이면서 그는 자신의 인생에 새로운 균형과 풍요로움을 찾아가고 있었다.

50대 중반의 김태현 님은 명예퇴직을 통해 자아의 발견과 삶의 새로운 의미를 찾아가고 있었다. 새로운 도전과 경험을 통해 그는 자신의 가능성을 높이고, 가족과의 소중한 순간을 통해 행복과 만족을 더욱 키워나가고 있었다. 명예퇴직은 그에게 새로운 시작을 약속하며, 그의 이야기는 여러 이들에게 희망과 도전의 용기를 전하고 있다.

제27장

마음을 가볍게: 명예퇴직의 의미적인 여정

공공기업에서 28년간의 성공적인 경력을 쌓은 박혜란 님은 조기 명예
퇴직을 택한 후, 새로운 여정을 시작했습니다. 50대 중반의 여성으로서,
그녀의 이야기는 명예퇴직을 통한 의미 있는 인생 여정과 행복을 찾아 나
서는 과정을 담고 있습니다.

28년 동안의 공공기업에서의 근무는 박혜란 님에게 안정과 성취감
을 안겨 주었지만, 명예퇴직을 결심한 그녀는 새로운 삶을 위한 가능성
을 찾고자 했다. 그녀에게 명예퇴직은 마음을 가볍게 하고, 새로운 의미
를 찾는 여정의 시작이었다.

명예퇴직 후, 박혜란 님은 자연과 소통하며 내면의 평화를 찾기 위한
여행에 나섰다. 산책과 등산을 통해 그녀는 마음의 안정과 심신의 평화
를 찾아가면서, 명예퇴직이 주는 자유로움을 느끼고 있었다. 자연과 어
우러지며 그녀는 새로운 에너지와 활력을 얻어 나갔다.

봉사활동은 그녀의 새로운 삶에서 큰 부분을 차지하고 있었다. 지역
사회에서 어려운 이웃들을 돕는 일은 명예퇴직 후에도 그녀가 가진 인
간애와 따뜻한 마음을 나눌 수 있는 특별한 방법이 되었다. 이를 통해

박혜란 님은 자신의 삶이 다른 이들에게도 의미 있게 전해질 수 있다고 느끼고 있었다.

자기 계발은 명예퇴직 이후에도 그녀의 삶에 활력을 불어넣고 있었다. 새로운 분야의 공부와 창의적인 활동을 통해 그녀는 끊임없이 성장하고 발전하고 있었다. 명예퇴직은 그녀에게 학습과 탐험의 기회를 제공하며, 삶의 다양한 측면에서의 만족감을 키워 주고 있었다.

가족과의 소중한 시간은 박혜란 님에게 가장 큰 행복의 원천이었다. 명예퇴직을 통해 가족과의 더 많은 소통과 협력이 가능해지면서, 그녀는 가정의 안정성을 새롭게 느끼고 있었다. 명예퇴직 후의 가족과의 친밀한 관계는 그녀에게 새로운 삶의 기쁨을 안겨 주고 있었다.

50대 중반의 박혜란 님은 명예퇴직을 통해 마음을 가볍게 하고, 인생의 새로운 의미를 찾아 나가는 여정을 즐기고 있었다. 자연과 어우러지며, 봉사활동을 통해 소통하며, 자기 계발을 추구하며, 가족과의 소중한 시간을 즐기며, 그녀의 명예퇴직은 의미 있고 행복한 삶의 시작임을 보여 주고 있다.

제28장

명예퇴직을 통한 내적 안정과 행복

공공기관에서 25년 동안 훌륭한 경력을 쌓은 박창민 님. 명예퇴직을 결심한 후, 그는 새로운 성공의 길을 찾아가며 내적 안정과 행복을 찾아 나가고 있었습니다. 50대 중반의 남성으로서, 명예퇴직이 주는 기회를 통해 그의 인생은 새로운 의미와 가치를 얻어 가고 있었습니다.

25년 동안의 공공기관 근무는 박창민 님에게 안정된 경제적 기반을 제공했지만, 명예퇴직을 통해 그는 새로운 도전에 나섰다. 처음에는 불안함이 있었지만, 명예퇴직이 자신의 성장을 위한 출발점이 될 것임을 믿었다. 이제는 성공의 길을 더 넓게 열어 가는 중이었다.

내적 안정을 위해 박창민 님은 명예퇴직 이후에도 계속해서 자기 계발에 힘썼다. 새로운 분야의 공부와 교육을 통해 그는 자신의 능력을 계속 향상시키고 있었다. 이를 통해 그는 명예퇴직 후에도 사회에 기여하는 데에 만족을 느끼며, 내적 안정을 찾아가고 있었다.

봉사활동은 그에게 큰 의미를 부여하고 있었다. 특히, 어려운 이웃들을 돕는 일에 헌신함으로써, 그는 명예퇴직 이후에도 사회적 가치를 창출하는 일의 중요성을 깨닫고 있었다. 봉사활동은 그의 삶에 새로운 의미와 행복을 불어넣어 주었다.

가족과의 소중한 시간은 명예퇴직 이후 더욱 중요하게 여겨지고 있었다. 박창민 님은 가족과 함께하는 시간을 늘리면서, 서로의 이야기를 공유하고 존중하는 소중한 순간을 즐기고 있었다. 가족은 그에게 힘과 행복을 주는 소중한 지원 체계로 자리 잡았다.

50대 중반의 박창민 님은 명예퇴직을 통해 성공의 길을 찾아가며 내적 안정과 행복을 찾아 나가고 있었다. 새로운 도전과 자기 계발을 통해 그는 명예퇴직 이후에도 성공적이고 의미 있는 삶을 살아가고 있었다. 명예퇴직은 그에게 새로운 시작의 문을 열어 주었고, 그의 이야기는 미래에도 희망과 도전을 가진 이들에게 긍정적인 영감을 전하고 있다.

제29장

감사의 마음, 명예퇴직 후 삶의 평안한 시작

황미경 님은 국가 공무원으로 30년 동안의 긴 근무 연수 동안 다양한 도전과 업적을 이뤄 냈습니다. 그러나 그녀는 늘 마음 한구석에서 명예퇴직을 꿈꾸어 왔습니다. 그리고 그 꿈을 향한 여정은 어느 날 갑작스러운 결심으로 시작되었습니다.

한 풍성한 가을날, 황미경 님은 도심의 번화가를 떠나 작은 마을로 향했다. 그곳에서의 삶은 조용하고 한적하며, 자연과 가까운 곳에서의 생활을 상상만으로도 행복한 미소를 머금게 했다. 그녀는 가족과 함께 즐겁게 지낼 시간과 자신의 소중한 취미에 더 집중하고 싶었다.

30년의 경력을 쌓고 난 후, 황미경 님은 명예퇴직의 문을 노크했다. 처음에는 이 변화에 대한 두려움이 있었지만, 결국 가족과 함께하는 평안한 삶을 향한 그녀의 열망이 더 강해졌다. 그래서 그녀는 국가 공무원 생활을 물리치고, 마음가짐을 새롭게 갖고자 했다.

명예퇴직 이후, 황미경 님은 자신만의 봉사활동을 시작했다. 그녀는 지역 사회의 어린이들을 위한 교육 봉사부터 어르신들과 함께하는 지역 사회 프로그램까지 다양한 분야에서 봉사하는 일에 전념했다. 그녀는 이를 통해 자신이 가진 다양한 기술과 경험을 공유하며, 동시에 새로운 친구들과 소통하며 행복한 시간을 보낼 수 있었다.

가족과 함께하는 소중한 시간이 늘어나면서 황미경 님은 삶의 진정한 가치에 대해 깊이 생각하게 되었다. 그녀는 명예퇴직 후에야 비로소 찾아온 진정한 행복을 느낄 수 있었다. 가끔은 가족과 함께 마을의 작은 카페에서 차 한 잔을 즐기며, 과거의 업무 스트레스에서 벗어나 여유로운 삶을 만끽했다.

더불어 황미경 님은 자신만의 취미에도 더욱 힘을 쏟았다. 예전에는 바쁜 업무에 휩싸여 쉽게 잊어버린 그림 그리기와 손으로 만드는 공예품 제작에 다시 열중하면서, 예술적인 영감을 찾아내는 일에 행복을 느꼈다. 명예퇴직 이후 새롭게 시작한 이 취미는 그녀에게 창의적인 자아를 발견하게 해 주었다.

50대 후반의 황미경 님은 명예퇴직 후에도 여전히 성장하고 변화하는 모습을 보여 주고 있었다. 그녀의 이야기는 퇴직 후에도 행복과 만족을 찾을 수 있다는 희망을 안겨 주며, 봉사와 가족, 취미 등을 통해 다양한 측면에서 풍요로운 인생을 만들어 나갈 수 있는 가능성을 보여 주고 있다.

제30장

새로운 만남: 인간관계의 새로운 시작

한때 성공적인 외국기업에서 28년 동안 근무한 윤재호 님. 그는 언제나 성과를 내고 높은 실적을 유지하며 경제적으로 안정된 삶을 살아왔습니다. 그러나 그의 삶은 명예퇴직을 통해 새로운 문장을 쓰기 시작했습니다.

윤재호 님은 명예퇴직 이후에도 여느 때와 다름없이 활기찬 삶을 살기로 마음먹었다. 그의 첫 번째 목표는 가족과 함께 행복한 시간을 보내는 것이었다. 업무에 몰두하던 시절, 가족과의 소중한 순간을 제대로 나눌 여유가 없었다. 그러나 이제는 아내와 자식들과 함께 여행을 떠나거나, 가까운 공원에서 가족 소풍을 즐길 수 있었다. 명예퇴직 후에야 비로소 그가 꿈꿔 왔던 가족과의 소통이 더욱 풍성해졌다.

더불어 윤재호 님은 자신의 경험을 활용하여 봉사활동에 참여하고 있다. 그는 지역 사회에서 새로운 만남과 소통의 기회를 찾아, 어르신들을 위한 커뮤니티 프로그램에 참여하고 지역 아동들에게 교육 봉사를 진행하며 소외된 이웃들을 돕고 있다. 명예퇴직 이후에도 그는 자신의 노력과 역량을 통해 사회에 기여하며 보람찬 봉사활동을 즐기고 있다.

새로운 만남은 그에게 무한한 가능성을 제시했다. 윤재호 님은 이제

외국에서의 경험을 살려 새로운 분야에서의 도전에 적극 나서고 있다. 지역 비즈니스 커뮤니티에 참여하여 다양한 사람들과 소통하고 네트워킹을 통해 새로운 기회를 모색하고 있다. 명예퇴직 이후에도 삶의 열정은 더욱 높아져, 그는 계속해서 성장하고 새로운 도전에 도전하며 행복한 미래를 향해 나아가고 있다.

50대 후반의 윤재호 님은 명예퇴직을 통해 자신의 인생을 더욱 풍요롭게 만들고 있다. 가족과의 소중한 시간, 봉사활동을 통한 사회 기여, 새로운 만남과 도전 등이 그의 행복한 두 번째 인생을 창조하고 있다. 윤재호 님의 이야기는 명예퇴직을 통해 성공과 행복을 찾을 수 있는 가능성을 보여 주며, 다양한 분야에서 삶을 더욱 풍요롭게 살아갈 수 있는 희망의 메시지를 전하고 있다.

제31장

명예퇴직 후의 사회 참여

윤지영 님은 의료기관에서 28년 동안 간호사로서 섬세한 손길로 많은 환자들을 돌보았습니다. 그러나 명예퇴직을 결심한 그녀는 이제 새로운 문을 열어 가며, 사회 참여를 통한 행복을 찾는 여정에 나섰습니다.

명예퇴직 이후, 윤지영 님은 의료 기관의 벽을 넘어, 지역 사회에서 봉사활동에 몰두하고 있다. 그녀는 지역 사회 센터에서 의료 상담을 제공하고, 어르신들의 건강 산책 프로그램을 주도하며, 어린이들에게는 건강한 식습관 교육을 실시하고 있다. 그녀의 전문적인 지식과 따뜻한 마음은 지역 주민들에게 큰 힘이 되어 주고 있다. 명예퇴직 후에도 그녀는 의료 서비스를 제공하는 역할을 버리지 않고, 지역 사회에 기여하며 보람찬 인생을 살아가고 있다.

커뮤니티 속에서의 참여는 윤지영 님에게 큰 의미를 부여하고 있다. 그녀는 이제 다른 형태의 치유와 도움이 필요한 이들에게 힘이 되고 있다. 특히 어르신들과의 교류에서, 그녀는 많은 소중한 이야기를 듣게 되었다. 의료 현장에서는 놓칠 수 있었던 따뜻한 소통과 공감이, 이제는 그녀의 사회 참여를 통해 이웃들과 함께 나누어지고 있다.

가족을 위한 봉사활동을 통해, 윤지영 님은 명예퇴직 이후에도 풍요로운 삶을 찾아가고 있다. 그녀는 가족과 함께하는 소중한 시간을 더욱 극대화하며, 명예퇴직 이전보다 더 깊고 의미 있는 소통을 가족과 나누고 있다. 명예퇴직은 그녀에게 새로운 시작을 알리며, 가족과의 소통을 통해 찾은 행복은 그녀에게 큰 보람이 되고 있다.

윤지영 님의 이야기는 명예퇴직을 통해 새로운 도전을 받아들이고, 사회 참여를 통해 인생에 새로운 의미를 부여하는 여정을 보여 주고 있다. 그녀는 의료 현장에서 축적된 경험과 지식을 지역 사회에 나누어 주는 동시에, 가족과의 소중한 연결을 통해 삶의 풍요로움을 극대화하고 있다. 명예퇴직 후의 윤지영 님은 희망의 모델로서, 많은 이들에게 선한 영향력을 주고 있다.

제32장

사회 참여와 커뮤니티의 소중함

한때 해외지사에서 성공적인 경력을 쌓은 강재민 님. 그는 27년이라는 세월 동안 국제적인 업무에 몰두하며 가족과의 소중한 시간을 희생했던 시절을 보낸 후 명예퇴직을 결심했습니다.

명예퇴직 이후, 강재민 님은 언제나 간절히 기다려 왔던 가족과의 소중한 시간을 찾아 나섰다. 해외에서의 긴 시간 동안 가족과 떨어져 지내면서 놓친 소중한 순간들을 이제는 채우고 있다. 아내와 함께하는 산책, 자녀들과의 가족 소풍은 그에게 평온하고 행복한 순간을 선사하고 있다. 명예퇴직 후, 그는 이제는 느긋한 일상을 찾으며 그동안 미처 느끼지 못한 가족의 따뜻한 정을 느끼고 있다.

강재민 님의 그 자신만의 작은 세상은 사회 참여와 봉사를 통해 더욱 풍요로워지고 있다. 그는 지역 사회 센터에서 어르신들과 함께하는 활동을 이끌고 있다. 그의 전문지식을 바탕으로 한 청년 창업 상담, 건강 산책 프로그램은 지역 주민들에게 큰 도움이 되고 있다. 또한, 지역 어린이들에게는 교육봉사를 실시하여 그의 경험을 다양한 세대와 나누고 있다. 명예퇴직 후에도 강재민 님은 기존의 경험을 살려 지역 사회에 기여하며, 이를 통해 더 큰 의미 있는 인생을 살아가고 있다.

커뮤니티 속에서의 참여는 그에게 큰 만족감을 안겨 주고 있다. 해외에서의 생활에서는 느끼지 못했던 지역 사회의 따뜻한 정은 이제는 그의 삶에 환하게 투영되고 있었다. 지역 사회의 소식들이 그에게 큰 기쁨으로 다가오며, 그의 커뮤니티 참여는 명예퇴직 후의 풍요로운 생활에서 빼놓을 수 없는 존재가 되었다.

50대 중반의 강재민 님은 명예퇴직을 통해 찾은 나만의 작은 세상에서 행복을 누리고 있다. 가족과의 소중한 시간, 지역 사회와의 소통과 봉사는 그에게 큰 만족감을 선사하며, 이는 그가 선택한 명예퇴직의 의미를 극대화하고 있다. 강재민 님의 이야기는 나만의 작은 세상이 얼마나 소중하고 풍요로운 삶을 제공하는지를 보여 주고 있으며, 많은 이들에게 긍정적인 영감을 전하고 있다.

제33장

명예퇴직을 위한 풍요로운 활동 추구

박혜영 님은 30년 동안 고등학교 교사로서 성실히 일해 온 중년 여성입니다. 그녀는 많은 학생들과의 소중한 순간들을 보내며 가르치는 일에 전념했지만, 명예퇴직을 결심하면서 다가올 두 번째 삶을 열어 가기로 했습니다.

명예퇴직 후, 박혜영 님은 가족과의 소중한 시간을 찾아 나섰다. 이전에는 바쁜 학교생활로 인해 소홀했던 가족과의 소통을 이제는 더욱 중요하게 생각하고 있다. 그녀는 아들과 딸, 그리고 사랑하는 남편과 함께하는 시간이 그립고 소중하게 느껴졌다. 명예퇴직 후, 가족과 함께하는 일상은 그녀에게 새로운 행복과 의미를 부여하고 있다.

박혜영 님은 봉사활동을 통해 새로운 사회 참여의 기회를 찾았다. 지역 아동센터에서 자원봉사 교사로 활동하며, 어려운 처지의 어린이들에게 교육과 희망을 전하고 있다. 명예퇴직 이후에도 가르치는 역할을 놓지 않고, 그녀의 따뜻한 마음은 학생들에게뿐만 아니라 지역 사회에도 선한 영향력을 주고 있다. 그녀는 봉사활동을 통해 얻은 감동과 보람을 통해 명예퇴직을 후회하지 않고 있다.

박혜영 님은 지역 사회와 소통하며 삶에 새로운 의미를 부여하고 있다. 지역 사회 센터에서 어르신들과 함께하는 활동은 그녀에게 새로운 친구들과 소중한 인연을 만들어 주고 있다. 명예퇴직 이후에도 지속되는 소통은 그녀의 삶에 새로운 활력을 불어넣고 있으며, 지역 사회에서의 참여를 통해 그녀는 더 넓은 세상을 경험하고 있다.

박혜영 님은 명예퇴직 이후에도 자기 계발을 소홀히 하지 않고 있다. 다양한 분야의 강연과 교육에 참여하며 새로운 지식을 습득하고, 그 지식을 지역 사회에 기여하고 있다. 이를 통해 그녀는 명예퇴직을 통한 두 번째 삶을 더욱 풍요롭게 만들어 가고 있다.

50대 중반의 박혜영 님은 명예퇴직을 통해 찾은 풍요로운 활동과 봉사를 통해 보다 행복한 두 번째 삶을 살아가고 있다. 가족과의 소중한 시간, 지역 사회와의 소통, 자기 계발을 통해 그녀는 명예퇴직을 긍정적인 변화로 받아들이며, 이를 통해 더욱 의미 있는 삶을 추구하고 있다. 박혜영 님의 이야기는 명예퇴직을 통해 새로운 가능성과 의미 있는 활동을 찾는 이들에게 감동과 용기를 전하고 있다.

제34장

명예퇴직 후의 일상 속 작은 변화

한때 대한민국에서 20년 동안 대학교 교수로서 뛰어난 업적을 이룬 김태준 님. 명예퇴직을 결심하고, '매일을 행복하게'라는 주제로 그의 이야기를 들어 보겠습니다.

명예퇴직 후, 김태준 님은 새로운 삶의 문을 열었다. 그는 과거의 업무에 대한 책임감과 스트레스를 떨쳐 버리고, 이제는 자신에게 진정으로 중요한 가치에 주목하며 삶을 살아가고 있다. 그의 가장 큰 변화 중 하나는 건강에 대한 새로운 관심이다. 명예퇴직 후, 그는 매일 꾸준한 운동과 건강한 식습관을 실천하면서 몸과 마음의 균형을 찾고 있다.

또한, 그는 가족과의 소중한 시간을 늘리기 위해 노력하고 있다. 명예퇴직 이전에는 바쁜 일상 속에서 가족과의 소통이 부족했지만, 이제는 가족들과 함께하는 여유로운 시간이 그에게 큰 기쁨으로 다가오고 있다. 특히, 아이들과의 대화와 함께하는 가정 식사는 그에게 매일을 특별하게 만들어 주고 있다.

김태준 님은 명예퇴직 이후에도 봉사활동을 통해 사회에 기여하고 있다. 지역 사회 센터에서는 어르신들과 함께 다양한 활동을 기획하고,

그들에게 지식을 나누어 주며 소중한 시간을 함께 보내고 있다. 그의 전문적인 지식과 인간적인 소양은 지역 사회에서 큰 환영을 받고 있으며, 이는 그에게 큰 자부심으로 다가온다.

새로운 삶의 시작은 그에게 일상에서의 작은 변화를 가져왔다. 그는 명예퇴직 후에도 지루함 없는 다양한 삶의 경험을 추구하고 있다. 새로운 취미를 찾아 산책이나 회화에 몰두하면서 창조적인 에너지를 발산하고 있다. 이를 통해 그는 자신의 일상에 새로운 즐거움과 의미를 찾아가고 있다.

50대 중반의 김태준 님은 명예퇴직을 통해 찾은 행복과 만족으로 매일을 기쁨으로 가득 채우고 있다. 건강한 삶의 습관, 가족과의 소중한 순간, 봉사활동과 새로운 취미 등을 통해 명예퇴직 후의 일상은 그에게 풍요로움과 행복을 선사하고 있다. 김태준 님의 이야기는 명예퇴직을 통해 어떻게 삶에 활기를 불어넣고, 작은 변화들이 얼마나 큰 행복을 가져다줄 수 있는지를 보여 주며, 많은 이들에게 용기와 희망을 주고 있다.

제35장

명예퇴직 후의 일상적인 행복의 비밀

한지연 님은 한 공공기업에서 28년 동안 봉사한 후, 조기 명예퇴직을 선택했습니다. 그녀는 고단한 업무와 스트레스에서 벗어나 가족과 함께 즐겁게 시간을 보내며 자신의 인생의 다음 단계를 시작했습니다.

한지연 님은 명예퇴직 후에 자신의 가치와 삶의 목표를 다시 정립했다. 그녀는 무리한 업무에서 벗어나 시간과 에너지를 더 중요한 가치들에 집중하기로 마음먹었다. 가장 먼저 그녀는 가족에게 더 많은 시간을 할애하기로 했다. 예전에는 바쁜 업무로 인해 소홀했던 가족과의 소중한 순간들을 즐기며, 이제는 자녀들과의 대화와 함께하는 시간을 소중히 여긴다.

하지만 명예퇴직 후에도, 그녀는 단순한 노후생활이 아니라 봉사활동을 선택했다. 지역 사회에서 자원봉사자로 활동하며, 이웃들과 소통하고 도움이 필요한 이들에게 조금이라도 도움이 되고 싶어 한다. 그 봉사활동을 통해 그녀는 자신의 경험과 노력으로 더 나은 사회에 기여하는 기쁨을 느끼고 있다.

한지연 님은 명예퇴직 후에도 배우고자 하는 열망을 잃지 않았다. 새로운 도전을 위해 다양한 분야의 교육과정에 참여하며, 계속해서 성장하고 발전하고자 했다. 그녀는 자신의 무한한 잠재력을 깨우치며, 명예퇴직은 새로운 시작이자 계속되는 성장의 과정임을 깨닫게 되었다.

이제 50대 중반인 한지연 님은 명예퇴직 후의 행복의 비밀을 발견했다. 삶의 품질을 향상시키고 가치 있는 순간을 즐기며, 주변 사람들과 소통하고 나눔의 기쁨을 느끼고 있다. 명예퇴직은 그녀에게 새로운 가능성과 기회를 제공했으며, 가족과 사회에 봉사함으로써 더 큰 의미 있는 인생을 살아가게 하고 있다.

한지연 님의 이야기는 명예퇴직을 두려워하지 않고 긍정적으로 받아들이며, 다양한 경험과 도전을 통해 더욱 풍성하고 행복한 노후생활을 즐길 수 있다는 희망과 영감을 전하고 있다. 그녀의 삶은 명예퇴직을 선택한 많은 이들에게 용기를 주고, 더 나은 미래를 향한 긍정적인 희망의 메시지를 전하고 있다.

제36장

명예퇴직을 통한 더 나은 자아실현

한승호 님은 공공기관에서 25년 동안 헌신적으로 근무한 끝에 명예퇴직을 결심했습니다. 50대 중반이라는 나이에도 불구하고, 명예퇴직 이후 그는 가족을 위해 봉사하며 삶을 더욱 풍부하게, 행복하게 살아가고 있습니다.

명예퇴직을 앞두고 있을 때, 한승호 님은 과거의 경험을 돌아보며 새로운 도전에 망설이지 않았다. 그는 자신에게 묻고 있었다. "나는 무엇을 원하며, 무엇이 진정으로 나를 행복하게 할 것인가?" 이 질문을 통해 그는 자신의 내적 욕망과 가치를 재평가하게 되었다.

명예퇴직 이후, 한승호 님은 봉사활동을 시작했다. 지역 사회센터에서 어르신들을 위한 강의와 문화행사를 진행하면서, 자신의 노래와 음악으로 이들에게 힐링의 시간을 선사하고 있다. 그는 봉사를 통해 다양한 인연을 만나고 소통하며, 새로운 삶의 의미를 찾아가고 있다.

가족은 한승호 님에게 항상 중요한 존재였다. 명예퇴직 이후에도, 그는 가족과 뜻깊은 시간을 보내기 위해 노력하고 있다. 자녀들과 함께하는 가족 소풍이나 주말 소모임을 통해, 그는 가족과의 유대감을 높이고 있다. 명예퇴직을 통해 가족과 더 가까워진 그는, 이제야 가족과 함께하는 시간이 얼마나 소중하고 행복한 것인지를 깨닫고 있다.

또한, 한승호 님은 명예퇴직을 통해 자신에게 주어진 시간을 활용하여 자기 계발에도 주력하고 있다. 새로운 분야의 취미를 찾아 삶에 색다른 활기를 불어넣고, 글쓰기나 회화와 같은 창작 활동에도 몰두하고 있다. 명예퇴직은 그에게 더 나은 자아를 찾고 자아실현에 도전하는 기회로 변모되었다.

한승호 님의 이야기는 명예퇴직을 통해 행복과 만족을 찾아가는 여정을 담고 있다. 그는 삶의 다양한 측면에서의 풍요로움을 발견하며, 더 나은 자아를 실현하는 과정에서 인생의 새로운 의미를 찾아가고 있다. 명예퇴직은 그에게 새로운 시작이자, 삶을 다시 발견하고 즐기는 계기가 되었다. 그의 이야기는 명예퇴직을 고려하는 이들에게 용기와 희망을 전하며, 더 나은 미래를 향해 나아가는 데 영감을 주고 있다.

제37장

명예퇴직을 통한 지속적인 성장

임은경 님은 국가 공무원으로 30년 동안 봉사한 후, 조기 명예퇴직을 선택했습니다. 그녀는 50대 중반에 명예퇴직을 통해 더욱 행복하게 가족을 위해 봉사하며, 지속적인 성장을 추구하며 자신의 삶을 더욱 풍요롭게 살아가고 있습니다.

명예퇴직 이후, 임은경 님은 새로운 도전에 두려움 없이 나섰다. 그녀는 전혀 다른 분야의 공부를 시작하여, 명예퇴직을 통한 두 번째 삶을 더욱 풍부하게 만들기로 결심했다. 인문학, 문학, 예술 등의 다양한 분야에 발을 들이며, 삶의 다양한 측면에서 새로운 지식과 경험을 쌓아 가고 있다.

봉사활동은 임은경 님에게 큰 의미를 부여하고 있다. 그녀는 명예퇴직 후에도 지역 사회에서 여성들을 위한 교육 프로그램을 운영하며, 다양한 사람들과 소통하고 나눔의 기쁨을 느끼고 있다. 특히, 저소득층 여성들을 위한 봉사활동을 통해 그녀는 자신의 전문성을 활용하여 사회적으로 기여하는 데에 큰 보람을 느끼고 있다.

가족은 임은경 님에게 가장 큰 힘이 되어 주고 있다. 명예퇴직 후에도, 그녀는 가족과의 소중한 시간을 소홀히 하지 않는다. 주말에는 가족과 함께 자연 속에서 즐거운 시간을 보내며, 가족들과의 소통을 중시한다. 명예퇴직을 통해 가족과 더 가까워진 그녀는, 가족이란 가장 큰 행복의 원천이라는 것을 깨닫게 되었다.

이제 50대 중반인 임은경 님은 명예퇴직을 통해 끊임없는 모험의 시작을 느끼고 있다. 세상은 넓고 배울 것은 무궁무진하다는 생각으로, 그녀는 새로운 도전을 두려워하지 않고 계속해서 성장하고 있다. 명예퇴직은 그녀에게 새로운 문을 열어 주었고, 그 문을 열고 나아가는 과정에서 더 나은 자아를 찾아가고 있다.

임은경 님의 이야기는 명예퇴직을 통해 지속적인 성장을 추구하는 행복한 여정을 담고 있다. 그녀는 나이에 구애받지 않고 계속해서 도전하고 새로운 경험을 쌓아 가며, 명예퇴직 후에도 여전히 풍요로운 삶을 누리고 있다. 그녀의 이야기는 명예퇴직을 고민하는 이들에게 끊임없는 모험을 통한 행복과 성장의 가능성을 알려 주며, 긍정적인 희망의 메시지를 전하고 있다.

제38장

더 나은 인생을 위한 명예퇴직의 선택

이민재 님은 외국기업에서 28년 동안 경력을 쌓은 후, 명예퇴직을 결심했습니다. 50대 중반의 그는 명예퇴직 이후에도 가족을 위해 봉사하며 더 나은 인생을 위한 새로운 도전에 나서고 있습니다.

명예퇴직을 고려할 때, 이민재 님은 자신에게 더 나은 미래를 위한 기회를 창출하고자 했다. 그는 새로운 분야의 습득과 전문성을 키우기 위해 꾸준한 공부와 자기 계발에 매진하였다. 명예퇴직은 그에게 새로운 인생의 시작이자, 더 나은 미래로의 진출을 의미했다.

한편, 이민재 님은 명예퇴직 이후에도 봉사활동에 힘썼다. 지역 사회에서 어린이들을 위한 교육봉사와 기부활동에 참여하며, 자신의 경험과 지식을 나누어 가족뿐만 아니라 지역 사회에도 기여하고 있다. 봉사를 통해 그는 더 큰 가치를 찾아가며 행복과 만족을 느끼고 있다.

가족은 그에게 큰 의미를 지닌다. 명예퇴직 후에도, 이민재 님은 가족과 함께하는 소중한 순간을 놓치지 않으려 노력하고 있었다. 가족 여행이나 주말 모임을 통해, 그는 가족과의 유대감을 높이고 삶의 풍요로움을 느끼고 있었다. 명예퇴직은 그에게 가족과 더 많은 시간을 보내고 함께 성장하는 기회를 제공했다.

이민재 님은 명예퇴직을 통해 새로운 도전의 문을 열고, 미래로 나아가고 있다. 그는 나이에 구애받지 않고 계속해서 성장하며, 가족과의 소중한 순간을 향한 감사함을 느끼고 있다. 명예퇴직은 그에게 더 나은 인생을 위한 최상의 선택이 되어, 그의 이야기는 미래를 향한 희망과 도전을 담고 있다.

이민재 님의 경험은 명예퇴직이 새로운 인생의 시작임을 보여 주고 있다. 그는 행복과 만족을 찾기 위해 끊임없이 도전하며, 명예퇴직을 통해 더 나은 인생을 만들어 가고 있다. 이는 명예퇴직을 고려하는 이들에게 새로운 가능성을 열어 주며, 긍정적인 희망을 제공하는 좋은 예시이다.

제39장

명예퇴직 후의 정서적 안정

박미경 님은 의료기관에서 28년 동안 헌신적으로 근무한 후, 조기 명예퇴직을 선택했습니다. 50대 중반의 여성으로서, 명예퇴직 후에는 가족을 위해 봉사하면서 자신의 삶을 정서적으로 안정시키며 행복하게 살아가고 있습니다.

명예퇴직을 결심한 박미경 님은 새로운 삶을 시작하면서 가장 먼저 정서적인 안정을 추구하기로 마음먹었다. 의료기관에서의 긴 근무는 어느새 그녀를 신체적, 정신적으로 지치게 만들었다. 명예퇴직 이후, 그녀는 자연을 즐기며 하늘을 바라보며 걷기를 즐기고, 명상과 요가를 통해 내면의 평화를 찾아가고 있었다. 이러한 정서적인 안정은 그녀의 행복한 일상에 큰 기여를 하고 있다.

가족은 박미경 님에게 항상 중요한 존재였다. 명예퇴직 후에도, 그녀는 가족과의 소중한 시간을 더욱 소중히 여기고 있다. 자녀들과 함께하는 가족 소모임, 주말 여행, 그리고 가족들과 함께 보내는 여유로운 시간은 그녀에게 큰 행복과 안정을 주고 있다. 명예퇴직을 통해 가족과 더 가까워진 그녀는 가족의 지지와 사랑이 자신을 더욱 강하게 만들어 주는 것임을 느끼고 있다.

봉사활동은 박미경 님에게 또 다른 의미 있는 활동이 되고 있다. 의료기관에서의 경험을 바탕으로 지역 사회에서 의료 봉사에 참여하며, 그녀는 소외된 이웃들에게 도움의 손길을 전하고 있다. 봉사를 통해 사람들과 소통하고 나눔의 기쁨을 느끼는 것은 그녀에게 큰 보람으로 다가왔다.

명예퇴직 후의 박미경 님은 새로운 삶을 찾아가고 있다. 그녀는 정서적인 안정을 통해 새로운 도전에 나서고, 가족과 봉사활동을 통해 풍요로운 삶을 즐기고 있다. 명예퇴직은 그녀에게 자신의 삶을 더욱 풍성하게 만들어 주었으며, 하늘과 대화하듯이 삶을 즐기며 나아가고 있다.

박미경 님의 이야기는 명예퇴직을 통해 정서적 안정을 찾고, 새로운 삶을 찾아가는 여정을 담고 있다. 그녀의 경험은 명예퇴직을 고려하는 이들에게 희망과 안정의 가능성을 보여 주며, 긍정적인 변화를 향해 나아가는 데에 영감을 전하고 있다.

제40장

명예퇴직을 통한 풍요로운 미래 설계

한 대기업 해외지사에서 27년 동안 헌신한 김승현 님은 명예퇴직을 선택한 후, 새로운 미래를 설계하며 행복과 만족을 찾아가고 있습니다.

명예퇴직을 앞두고 김승현 님은 현실적이면서도 감성적인 고민들을 하게 되었다. 그는 "이제 어떻게 살아갈까?"라는 질문에 대한 답을 찾기 위해 다양한 노력을 기울이고 있었다. 새로운 삶을 시작하기 위해 먼저 자신의 관심사와 가치를 정립하고, 이를 토대로 새로운 목표를 설정하고 있었다. 이 과정에서 그는 이전의 경험과 역량을 살려 어떻게 더 나은 미래를 만들어 나갈지 심도 있게 고민하고 있었다.

명예퇴직 이후, 김승현 님은 가족과의 소중한 연결고리를 더욱 깊게 만들기로 다짐했다. 명예퇴직은 그에게 가족과 보다 가까워질 수 있는 기회를 제공했다. 주말에 가족들과 함께하는 즐거운 시간, 가족 여행, 그리고 가족 모임은 그에게 큰 기쁨을 선사하고 있다. 명예퇴직을 통해 얻은 시간을 가족과 함께하는 데에 집중하며, 이를 통해 보다 행복하고 풍요로운 미래를 만들어 가고 있다.

봉사활동은 그에게 새로운 가치와 의미를 부여하고 있다. 김승현 님은 명예퇴직 후, 지역 사회에서 봉사활동을 통해 다양한 이웃들과 소통하고 있다. 해외 근무 경험을 활용하여 지역의 봉사활동에 참여하며, 다양한 이들에게 도움의 손길을 전하고 있다. 이를 통해 그는 봉사활동이 자신과 주변 사회에 끼치는 긍정적인 영향을 명예퇴직을 통해 깨닫게 되었다.

김승현 님의 명예퇴직 이후의 이야기는 감동적이면서도 공감할 수 있는 메시지를 담고 있다. 그는 가치 있는 감동적인 순간들을 찾아내며, 명예퇴직을 통해 행복하고 풍요로운 미래를 계획하고 실현하고 있다. 그의 경험은 명예퇴직을 고려하는 이들에게 실질적인 조언과 긍정적인 전망을 제시하고 있다.

제41장

명예퇴직으로 만나는 새로운 친구와 세계

여름이 흘러가는 어느 날, 이희경 님은 자신의 교육자로서의 30년을 마무리하고 명예퇴직을 선택한 순간이었습니다. 초등학교 교사로 근무한 세월 동안, 그녀는 학생들에게 지식뿐만 아니라 사랑과 배려를 전하며 많은 가르침을 전해 왔었습니다. 그런데 이제는 새로운 모험을 시작할 시간이 왔습니다.

이희경 님은 명예퇴직 후에도 그 어떤 지친 모습도 없이, 오히려 더욱 활기차게 보였다. 그녀는 가족을 위해 봉사하는 동시에 자신만의 특별한 삶을 찾아가고 있었다. 이제는 책상에 앉아 수업을 준비할 필요 없이, 그녀는 자연과 소통하며 새로운 발견을 즐기는 일상을 살고 있었다.

명예퇴직 후, 이희경 님은 지역 사회에서 열리는 봉사활동에 참여하게 되었다. 그곳에서 그녀는 명예퇴직 행복학을 실천하고 있는 많은 이들을 만났다. 이들은 각자의 이야기를 가지고 있었지만, 모두가 명예퇴직 후에 더 큰 행복을 찾아가고 있음을 알게 되었다.

새로운 인연은 마치 운명적인 만남 같았다. 이희경 님은 그중 한 여성, 공지영 님과 특별한 우정을 쌓게 되었다. 공지영 님은 전산 분야에서 근무한 경력을 가진 50대 중반의 여성으로, 명예퇴직 후에도 멈추지 않고 새로운 도전에 나서고 있었다.

둘은 함께 지역 사회에서 커뮤니티 프로젝트에 참여하며 삶의 새로운 의미를 찾아 나갔다. 이전에는 바쁜 업무로 인해 소홀했던 관심을 이제는 봉사활동을 통해 주변 이웃들과 나누며 더욱 풍요로운 삶을 누리고 있었다.

이희경 님과 공지영 님은 함께 다양한 행사와 모임에 참석하며 서로에게 영감을 주고받았다. 그들은 명예퇴직 후에도 여전히 세상과 소통하며 새로운 친구들과의 만남을 소중히 여겼다. 이제는 학교의 교실이 아닌 지역 사회의 무대에서 자신들의 역할을 찾아내고 있었다.

이들의 이야기는 주위에 있는 다른 이들에게도 큰 영감을 주고 있다. 명예퇴직은 단순한 은퇴가 아니라, 더 큰 세계와의 소통의 시작일 뿐이었다. 30년간의 경력을 쌓은 이들이라면 더 많은 사람들과의 소통과 나눔을 통해 더 풍요로운 삶을 만들어 갈 수 있음을 증명한 것이었다.

이희경 님과 공지영 님은 명예퇴직을 선택한 결정이 자신들에게 얼마나 큰 행복을 선사했는지를 느끼면서, 이제는 가족과 사랑하는 이들을 위해 봉사하고, 동시에 자신의 인생을 충실하게 살아가고 있었다. 그들의 이야기는 명예퇴직을 고려하는 이들에게 희망과 용기를 전하며, 더 나은 미래로 나아가는 길에 한 걸음 더 다가서게 하고 있다.

제42장

명예퇴직 후의 건강한 생활 습관

한겨울이 지나가고 봄이 찾아온 어느 날, 최승호 님은 자신의 25년 간의 교육자 생활을 마감하고 명예퇴직을 결심했습니다. 초등학교 교사로 일한 세월 동안, 그는 학생들과의 소중한 순간들을 쌓아 가며 가르침과 사랑을 전하였습니다.

명예퇴직 이후, 최승호 님은 건강한 몸과 마음을 위해 새로운 생활 습관을 찾기로 결심했다. 그는 헬스클럽에 등록하여 꾸준한 운동을 시작했고, 건강한 식단과 규칙적인 생활을 유지하며 몸과 마음의 균형을 맞추려고 노력했다. 명예퇴직은 그에게 단순한 휴식이 아니라, 건강을 위한 새로운 시작의 계기였다.

한편으로는 가족을 위한 봉사활동에 힘써 나갔다. 그는 지역 사회에서 자원봉사자로 참여하여 어린이들을 가르치고, 어르신들과의 교류 프로그램을 주선하는 등 삶의 새로운 가치를 찾아가고 있었다. 명예퇴직 후에도 그의 열정은 여전했고, 이제는 시간이라는 자원을 더욱 효과적으로 활용하며 다양한 사람들과 소통하고 있었다.

한편으로는 그 자신만의 취미와 관심사에 시간을 할애했다. 최승호 님은 예전에는 바쁜 일상 속에서 소홀했던 그림 그리기에 다시 열중하며 예술적인 즐거움을 찾아가고 있었다. 또한, 음악 감상과 독서에도 시간을 내어 여유로운 삶을 만끽하고 있었다. 명예퇴직은 그에게 자신을 찾아가고 새로운 가능성을 탐험할 수 있는 시간을 선사해 주었다.

주위의 이웃들과의 소통도 증가했다. 최승호 님은 명예퇴직을 계기로 지역 사회의 다양한 모임과 행사에 참여하며 새로운 친구들을 만나고 있었다. 서로 다른 경험과 이야기를 나누며, 그는 더 풍요로운 삶의 향기를 맡고 있었다. 명예퇴직 후에도 그의 삶은 여전히 다채롭고 활기찬 모습을 보여 주고 있었다. 그는 명예퇴직을 통해 얻은 시간을 소중히 여기며, 건강하고 행복한 삶을 살아가고 있었다.

최승호 님의 이야기는 명예퇴직 후에도 더 나은 삶을 찾아나가는 모든 이들에게 힘과 용기를 주고 있다. 건강한 몸과 마음을 위한 노력과 봉사의 즐거움은 명예퇴직 생활의 보람을 더욱 풍부하게 만들어 주고 있었다.

제43장

건강한 명예퇴직의 첫걸음

4월이 찾아온 어느 날, 이서현 님은 32년 동안의 지방직 공무원 생활을 마무리하고 명예퇴직을 선택했습니다. 그동안의 업무로 바쁜 일상을 보내면서도 언제나 가족과 자신을 소중히 여기는 모습으로 인상을 남겼던 그녀는 이제는 새로운 삶의 문을 열고자 했습니다.

명예퇴직을 앞둔 이서현 님은 건강한 몸과 마음을 가꾸기 위한 첫걸음을 내딛기로 마음먹었다. 그녀는 일상적인 운동을 시작하며 산책과 요가를 통해 몸을 가볍게 하고 스트레스를 해소하는 방법을 찾기 시작했다. 명예퇴직은 그녀에게 더 많은 시간을 선사하며, 건강을 유지하고 더 나은 삶을 위한 준비를 하게 했다.

한편으로는 새로운 봉사활동에 참여하며 가족을 위해 헌신하고 있었다. 이서현 님은 지역 사회의 다양한 봉사 프로그램에 참여하여 어려운 이웃들을 도우며 소중한 시간을 함께하는 경험을 쌓고 있었다. 명예퇴직 후에도 그녀는 가족과 사랑하는 이들을 위해 봉사하는 일에 큰 만족감을 느끼고 있었다.

또한, 이서현 님은 명예퇴직 후에 자신만의 취미와 관심사를 찾아 새로운 도전에 나서고 있었다. 예전에는 바쁜 업무로 인해 소홀했던 독서와 그림 그리기에 다시 열중하며 예술적인 즐거움을 찾아가고 있었다. 이제는 시간과 여유로움을 통해 자신의 내면을 발견하고 창조적인 표현을 통해 삶의 재미를 느끼고 있었다.

명예퇴직 후, 이서현 님은 더 다양한 사람들과 소통하며 새로운 인연을 만들어 가고 있었다. 지역 사회의 클럽과 모임에 참여하여 자신의 경험을 나누고, 다른 이들의 이야기를 들으며 새로운 시각을 얻고 있었다. 명예퇴직은 그녀에게 삶의 다양한 면을 경험하고 발전시킬 수 있는 기회를 제공했다.

이서현 님의 이야기는 명예퇴직 후에도 건강하고 행복한 삶을 살아가기 위한 여정의 시작을 의미한다. 몸과 마음을 가꾸며 가족과 지역 사회에 기여하는 동시에 자신을 발전시키는 것은 명예퇴직 생활에서 큰 만족감을 가져다주고 있다. 그녀의 경험은 명예퇴직을 고려하는 이들에게 희망과 용기를 주며, 새로운 삶의 시작을 응원해 주고 있다.

명예퇴직을 통한 자아의 새로운 발견

5월의 햇살 가득한 날, 이병민 님은 27년간의 지방직 공무원 생활을 마무리하고 명예퇴직을 결심했습니다. 공무원으로서의 긴 세월 동안, 그는 지역 사회에 공헌하며 여러 가지 업무에 헌신해 왔습니다. 이제는 자신의 꿈과 열정을 찾아 새로운 모험에 나서기로 한 것이었습니다.

명예퇴직을 하게 된 이병민 님은 새로운 시작을 위한 자신만의 꿈을 찾아 나섰다. 예전부터 마음에 품었던 여행, 문학, 예술 등에 더 많은 시간을 할애하며 자기 자신을 새롭게 발견하는 여정에 나섰다. 명예퇴직은 그에게 새로운 기회를 열어 주었고, 꿈을 향한 열정을 다시 불태우게 했다.

여행은 그의 새로운 취미 중 하나로 부상했다. 이병민 님은 명예퇴직 후에 다양한 지역을 여행하며 새로운 문화와 사람들을 만나고 있었다. 자연 속에서의 힐링과 새로운 경험은 그에게 인생의 다양한 측면을 보여 주며, 지난 일상에서는 느끼지 못한 자유로움을 선사했다.

봉사활동 또한 이병민 님에게 큰 의미를 부여하고 있었다. 그는 명예퇴직 후에도 지역 사회의 다양한 봉사 프로그램에 참여하여 어려운 이웃들을 도우며 소중한 인연을 쌓아 가고 있었다. 가족을 위한 봉사뿐만 아니라 지역 사회에 기여하는 일은 그에게 큰 보람을 주고 있었다.

문학과 예술에 대한 관심도 새롭게 녹아들고 있었다. 이병민 님은 명예퇴직 후에 시간을 내어 독서와 그림 그리기에 몰두하며 예술적인 표현을 통해 자신의 감성을 즐기고 있었다. 고요한 독서 시간과 창작의 즐거움은 그에게 명예퇴직 생활의 여유로움을 더욱 풍부하게 만들어 주고 있었다.

한편으로는 자신의 경험을 나누며 지역 사회의 다양한 모임에 참여하고 있었다. 이병민 님은 명예퇴직 후에 새로운 친구들과의 만남을 통해 인생의 다양한 이야기를 듣고 나누며 서로에게 영감을 주고받고 있었다. 명예퇴직은 그에게 단순한 휴식이 아니라, 자기 자신을 발견하고 성장하는 여정의 시작이었다.

이병민 님의 이야기는 명예퇴직을 통해 자기 자신에 대한 새로운 발견을 향한 열정과 꿈을 향한 도전을 보여 주고 있다. 몸과 마음을 가꾸며, 가족과 지역 사회에 기여하며, 자기 자신을 발전시키는 삶은 명예퇴직 생활을 더욱 풍요롭게 만들어 주고 있었다. 그의 이야기는 명예퇴직을 고려하는 이들에게 희망과 용기를 전하며, 자기 자신을 찾아 나가는 여정에서의 아름다움을 강조하고 있다.

제45장

명예퇴직을 통한 새로운 배움과 성장

가을이 서서히 다가오는 어느 날, 최가은 님은 대기업에서의 30년간의 경력을 마무리하고 명예퇴직을 선택했습니다. 그동안의 긴 여정에서 얻은 경험을 토대로, 이제는 자기 계발의 길을 택하여 명예퇴직을 통한 새로운 배움과 성장에 도전하려는 마음가짐을 가지고 있었습니다.

명예퇴직 이후, 최가은 님은 자기 계발에 힘쓰기 시작했다. 첫 번째로 그녀는 대학원에 복학하여 경영관리학을 전공했다. 명예퇴직 후에도 배움에 대한 열정은 여전히 그녀의 가슴속에 살아 숨 쉬고 있었다. 새로운 학문의 세계에서의 도전은 그녀에게 더 넓고 깊은 시야를 열어 주었다.

한편으로는 새로운 분야에서의 경험을 쌓기 위해 차근차근 봉사활동에 참여했다. 그녀는 지역 사회의 여러 단체에서 자원봉사자로 활동하며 사회적 책임을 다하는 모습을 보여 주었다. 봉사활동을 통해 그녀는 새로운 인연을 만들고, 다양한 분야에서의 지식과 경험을 쌓아 가고 있었다.

최가은 님은 명예퇴직 이후에도 끊임없이 새로운 것을 배우고 자기 계발에 힘쓰며, 이를 통해 자신의 성장을 이루어 가고 있었다. 특히, 온라인 강의와 세미나에 참여하여 최신 트렌드와 기술에 대한 이해를 높이는 데에 노력하고 있었다. 디지털 시대에 발맞춰 자기 계발을 통한 지식 습득은 그녀의 삶을 더욱 풍요롭게 만들어 주고 있었다.

이러한 노력의 일환으로, 최가은 님은 새로운 분야에서의 창업을 결심했다. 명예퇴직 후에도 새로운 도전을 두려워하지 않는 그녀는 자신의 경험과 역량을 바탕으로 사업을 시작했다. 창업은 그녀에게 미지의 세계에서의 성장과 도전의 기회를 제공하며, 자기 자신을 발전시키는 새로운 여정을 열어 주었다.

한편으로는 가족과의 소중한 시간을 놓치지 않았다. 명예퇴직 이후에도 최가은 님은 가족과 함께하는 여유로운 시간을 소중히 여기며, 여행이나 가족 간의 소모임을 통해 가족 유대감을 높이고 있었다. 명예퇴직은 그녀에게 일상의 소중한 순간들을 누릴 수 있는 기회를 주었고, 가족과 함께하는 행복한 시간들은 그녀에게 큰 보람을 주고 있었다.

최가은 님의 이야기는 명예퇴직을 통해 자기 계발과 성장에 대한 열정을 잃지 않고, 여전히 끊임없이 도전하는 삶의 아름다움을 보여 주고 있다. 명예퇴직은 그녀에게 그동안의 성취를 바탕으로 한 새로운 시작을 허락해 주었고, 그녀는 이를 통해 더욱 풍요로운 삶을 살아가고 있었다.

제46장

명예퇴직을 통한 자기 계발의 시작

한가위가 찾아온 어느 날, 강준호 님은 대기업에서의 29년이라는 긴 세월을 마무리하고 명예퇴직을 결심했습니다. 이제는 자신을 찾고 자기 계발의 길을 걷기로 한 것이었습니다. 명예퇴직을 통한 자기 계발의 시작, 그의 새로운 여정이 시작되었습니다.

명예퇴직 후, 강준호 님은 처음으로 자유롭게 할 일들에 대한 목록을 작성해 보았다. 그의 목표는 먼저 자기 자신을 발견하고, 자기 계발을 통해 더 나은 삶을 살아가는 것이었다. 그는 명예퇴직을 통한 이 새로운 시작을 환영하며, 자신만의 새로운 가치와 즐거움을 찾아가고 있었다.

첫 번째로, 강준호 님은 여행을 통해 세계의 다양한 문화를 경험하고 새로운 지식을 습득하기로 했다. 명예퇴직을 통해 얻은 여유로움과 시간은 그에게 전 세계를 여행하며 다양한 사람들과 소통하는 기회를 제공했다. 새로운 곳을 발견하고 새로운 경험을 통해 그는 자기 자신을 발견하는 여정을 즐기고 있었다.

한편으로는 새로운 분야의 공부에도 도전했다. 강준호 님은 명예퇴직 후에 야간 대학에 다니며 인문학 수업을 듣기 시작했다. 문학, 예술,

철학 등 다양한 분야에서 배우며 새로운 지적 호기심을 충족시키고 있었다. 명예퇴직을 통해 자기 계발의 문을 열면서, 그는 계속해서 새로운 지식을 습득하고 자신의 시야를 확장해 나가고 있었다.

봉사활동도 그의 일상에 큰 부분을 차지하고 있었다. 강준호 님은 지역 사회에서 다양한 봉사활동에 참여하며 이웃들과 소통하고 나누며 소중한 가치를 찾아가고 있었다. 명예퇴직 후에도 그는 봉사를 통해 사회에 기여하는 일을 통해 큰 만족감을 느끼며, 자신의 인생에 의미를 부여하고 있었다.

이러한 노력과 도전은 강준호 님에게 자기 계발의 시작이자 지금까지의 삶을 되돌아보고 미래를 대하는 좋은 계기가 되었다. 명예퇴직은 그에게 더 많은 선택의 폭을 열어 주었고, 그는 그 속에서 자신만의 가치와 의미를 찾아가고 있었다. 가족과의 소중한 순간들은 그에게 행복과 안정을 주었고, 명예퇴직 후에도 가치 있는 삶을 살아가고 있었다.

강준호 님의 이야기는 명예퇴직을 통한 자기 계발의 시작을 통해 삶의 다양한 측면을 발견하고 새로운 가치를 찾아나가는 여정을 보여 주고 있다. 명예퇴직은 단순한 은퇴가 아니라, 자신을 새롭게 발견하고 성장하며 더 풍요로운 인생을 살아가는 과정의 시작일 뿐이라는 희망의 메시지를 전하고 있다.

제47장

명예퇴직 후 50년 더욱더 행복하게 살아가기

20년간 해외에서 대학교 교수로서의 삶을 돌아보는 그 순간, 그동안 마음에 묻혀 있던 여러 가지 꿈들과 소망들이 눈에 선명하게 그려졌습니다. 교육의 현장에서 얻은 소중한 경험과 사랑, 그리고 다양한 국가의 학생들과 나눈 따뜻한 순간들이 나를 더 나은 삶으로 이끄는 길이라는 것을 깨닫게 되었습니다.

나에게 명예퇴직은 마치 새로운 챕터를 열기 위한 문이 열린 순간이었다. 그렇게 나는 20년 동안 쌓아 온 교육의 성과와 경험을 기반 삼아, 새로운 도전을 향해 나아가려 했다. 해외에서 대학교 교수로서의 나의 삶은 참으로 아름다웠다. 학생들의 미소와 성장하는 모습, 그리고 함께한 여러 순간들은 나에게 큰 자긍심을 심어 주었다. 하지만 이제는 나 자신에게 주어진 남아 있는 시간 동안 나 자신만의 꿈과 소망을 추구하며, 행복한 여정을 떠날 차례였다.

첫해는 나에게 자유로움의 순간을 선사해 주었다. 명예퇴직을 결정한 후, 학생들의 따뜻한 메시지와 마음의 선물들은 마치 나에게 새로운 시작을 응원하는 손길 같았다. 명예퇴직 이후, 나는 자유롭게 세상을 돌아다니며 새로운 경험을 쌓아 나가고 싶었다. 여행은 나의 첫 번째 선택이었다. 한겨울, 나는 가장 좋아하는 여행지로 떠났다. 양양 동해바다와 속초 설악산이었다. 고요한 자연과 함께하는 여행은 나에게는 마치 영혼의 치유제 같았다. 명예퇴직 후에 그러한 여행은 나에게 선사하는 풍요로움과 자유로움이 특별한 의미를 지니고 있었다.

이어서, 나는 자기 계발에 힘썼다. 지금까지는 학생들에게 지식을 전달하는 데 중점을 두어 왔다면, 이제는 나 자신을 위해 새로운 지식과 기술을 습득하는 시간이었다. 온라인 강의, 독서 모임, 다양한 워크숍들을 통해 나는 끊임없이 새로운 영역에 도전하며 나 자신을 성장시켜 나갔다. 명예퇴직 후에는 취미에 더 많은 시간을 할애할 수 있었다. 오랫동안 미처 살펴보지 못한 독서, 산책, 예술, 요리, 정원 가꾸기와 같은 다양한 취미들에 참여하면서, 나의 삶에 더욱 풍요로움과 만족감을 더했다.

다가오는 50년 동안, 나는 더욱 행복하게 나 자신의 삶을 살아가고자 한다. 이는 곧 내 안의 소소한 즐거움을 발견하고, 주변과 나누며, 더욱 깊고 의미 있는 관계를 형성해 나가는 것이다. 나는 지금까지의 교육 경험을 토대로, 여전히 교수이자 작가로서의 길을 걸어가고 있다. 나의 이야기는 새로운 챕터의 시작일 뿐, 끝나지 않는 여정 속에서 계속해서 성장하고 풍요로워지는 이야기일 것이다. 명예퇴직 후에도, 나는 행복한 교육자, 좋은 글 쓰는 작가, 선한 영향력 있는 멘토로서의 삶을 이어 가며, 더욱 행복하게 남아있는 여정을 즐겨 나갈 것이다.

에필로그

여기까지 함께한 여정이 마무리되는 순간, 우리는 명예퇴직의 고요한 끝을 맞이하였습니다. 《유비쿼터스 명퇴행복학》의 페이지 속에 담긴 이 야기들은 단순히 이 여정의 종료가 아닌, 더 나은 삶을 위한 새로운 시작임을 말하고 있습니다.

명예퇴직은 새로운 인생의 챕터를 펼치는 여정입니다. 그 여정에서 우리는 사실과 감정의 조화로 채워진 햇살 같은 순간들을 경험했습니다. 어쩌면 명예퇴직은 새로운 문을 열 때의 설렘, 새로운 챕터를 시작할 때의 기대감을 자아내기도 합니다. 이제 여러분은 명예퇴직이라는 단어가 불러일으키는 다양한 감정과 경험을 느낄 수 있을 것입니다. 그 경험들은 미래의 여정에서 여러분에게 긍정적인 영감과 지혜를 안겨 줄 것입니다. 명예퇴직은 지난 일을 정리하고, 새로운 꿈을 꾸기 위한 준비 단계일 뿐만 아니라, 자아를 찾고 성장하는 소중한 시간이기도 합니다.

이 에필로그를 통해 여러분과 함께한 여정이 긍정적이고 의미 있는 것으로 기억됐으면 합니다. 이제 책 속에 담긴 지혜와 영감을 안고, 여러분의 미래를 향해 나아가는 새로운 길을 떠나볼 때입니다. 명예퇴직이라는 문이 닫힌 뒤에도 빛나는 다양한 시작들이 여러분을 기다리고 있습니다. 새로운 시작의 끝에는 빛과 희망이 함께합니다. 이제 여러분의 명예퇴직 이야기가 책에서 벗어나 현실의 페이지에 새로운 글씨를 쓰기 시작할 때입니다. 행복한 명예퇴직의 햇살이 끊임없이 여러분을 비추기를 기대합니다. 이 책에서 배운 명예퇴직 행복학의 원칙를 지켜 가며, 여러분의 내일이 더 행복하고 의미 있는 날들로 가득 차길 바랍니다.

끝으로, 이 책의 저작에는 OpenAI의 ChatGPT 3.5에서 자연어 처리 기술의 도움이 일부 포함되어 있습니다. 인간 작가의 창의성과 인공 지능의 공동 노력으로, 명예퇴직 후의 행복이 더 나은 삶의 품격을 갖추는 것이 먼 꿈이 아닌 보편적인 현실이 되는 세계에 대한 탐구가 가능해졌습니다. 더 나은 세상을 향한 여정은 우리가 함께 계속해야 할 여정임을 인식하고, 이 페이지와 작별하면서 《유비쿼터스 명퇴행복학》의 정신을 미래에도 이어 나가도록 합시다. 여러분의 명예퇴직이 더욱더 행복하고 풍요로운 여정이 되기를 바랍니다. 고맙습니다.

유비쿼터스 명퇴행복학

ⓒ 이정완, 2024

초판 1쇄 발행 2024년 3월 29일

지은이   이정완
펴낸이   이기봉
편집   좋은땅 편집팀
펴낸곳   도서출판 좋은땅
주소   서울특별시 마포구 양화로12길 26 지월드빌딩 (서교동 395-7)
전화   02)374-8616~7
팩스   02)374-8614
이메일   gworldbook@naver.com
홈페이지   www.g-world.co.kr

ISBN   979-11-388-2893-2 (03190)